삼국유사, 원효와 춤추다

이 저서는 2019년 대한민국 교육부와 한국연구재단의 지원을 받아 수행된 연구입니다.
This work was supported by the Ministry of Education of the Republic of Korea and the National Research
Foundation of Korea.(NRF-과제번호)(NRF-2019S1A5B5A07106602)

| 수록사진 | ©국립중앙박물관 : 206, 208 | ©남일 스님 : 195 | ©법보신문 : 74 | ©신형석 : 144, 147, 148, 150 | ©오어사
: 76 | ©일본 교토 고산사 : 7, 34, 62, 67, 85, 98, 101, 102 | ©적문 스님 : 184 | ©혜해 스님 : 36-37, 50 | 이 외의 사진은
저자의 사진입니다.

삼국유사-원효와 춤추다

| 1판1쇄 인쇄 | 2020년 12월 18일 |
| 1판1쇄 발행 | 2020년 12월 24일 |

지은이	정진원
발행인	정지현
편집인	박주혜

대표	남배현
기획	모지희
책임편집	박석동
마케팅	조동규, 김관영, 조용, 김지현
디자인	동경작업실

펴낸곳	(주)조계종출판사
주소	서울시 종로구 삼봉로 81 두산위브파빌리온 232호
전화	02-720-6107~9
전송	02-733-6708
등록	2007년 4월 27일 (제2007-000078호)
구입문의	불교전문서점 향전(www.jbbook.co.kr) 02-2031-2070~1

| ISBN | 979-11-5580-153-6 (03220) |

조계종
출판사 지혜와 자비의 눈으로 세상을 바라봅니다.

삼국유사,
원효와 춤추다

정진원 지음

조계종
출판사

나를 이리로 데리고 오신 분,
여래如來이신 엄마께 이 작은 저서를 바친다.

원효는 7세기 신라 당시 세계적으로 인정받는 석학이자 신라의 붓다로 일컬어
지는 대중 불교의 아버지였음을 《삼국유사》와 여러 자료에서 확인하게 된다.
《삼국유사》 속에 실린 원효의 열 가지 이야기를 따라 함께 노래하고 춤추며 시
간과 공간을 훌쩍 넘어 신라 시대로 여행을 떠나보자.

《화엄연기회권》의 원효 진영(일본 교토 고산사)

인문고전의 대중화와 세계화를 위한 발걸음

《삼국유사三國遺事》를 정독하며 공부해온 지 30년쯤 되는 것 같다. 1990년 인도를 첫 세계 여행으로 다녀온 후 '서라벌, 가야'의 발음과 비슷한 인도의 '슈라바스티, 가야'의 지명과 '수로왕, 수로부인'과 연관된 '수리야'라는 산스크리트로 음사된 인명에 눈이 번쩍 띄었다. 그뿐만 아니라 네팔 카트만두 석가족이 사는 마을을 방문하여 손님을 지극정성 대접하는 두 나라의 문화와 절구질 하는 풍습, 인간적인 정서 등이 비슷함에 거의 문화 충격을 받았다. 여행에서 돌아오자마자 인도 고전어 '산스크리트'를 서강대 김석진 교수님께 배우기 시작하고 《삼국유사》를 다시 첫 마음으로 찬찬히 정독하였다. 물론 그전에도 국어국문학 전공자로 《삼국유사》의 '향가鄕歌' 부분을 들여다보기는 하였다.

그 시절인연으로 법련사 근처 '경전읽기 모임'(돈연 스님), 송광사 수련원(법정·현음 스님), 개운사 중앙승가대 불전국역원(혜남 스님), 봉선사 불경서당(월운 스님)을 편력하였다. 염불보다는 잿밥에 마음을 두고 무늬만 선재동자 흉내를 낸 것이다. 1994년 훈민정음 불경《석보상절 釋譜詳節》과《법화경언해法華經諺解》등을 중심으로 박사논문을 쓰고 이른바 전통 강원식 불교 공부를 스님들께 배우러 다녔다. 그러구러 10년, 2004년부터 동국대학교 불교학과에서 두 번째 박사과정을 강산이 한 번 변할만큼 노닐었다. 그곳에서 나는 불교학을 체계적으로 배우면서 불교학자들과 훈민정음 불경을 공부하는 학제간 연구를 꿈꾸었으나 여의치 않았고 새로운《삼국유사》연구모임의 시절인연이 기다리고 있었다.

그렇게 12년 동안 국내 '삼국유사 윤독회'와 국외 대학에서 강의를 해온《삼국유사》를 한국학의 텍스트로 삼아 두 번째 박사논문을 쓰게 되었다. 이름하여 〈삼국유사의 한국학 콘텐츠 개발연구〉,《삼국유사》의 대중화와 세계화가 주제인 이 논문으로 뜻밖에 2015년 문화부장관상을 받았다. 2016년부터 본격적으로 대학 바깥으로 나와 《삼국유사》대중 강좌를 시작하였다.

2000년도부터 2002년까지 터키 국립 ERCIYES대학교에 한국어문학과를 설립하는 일에 참여하여 해외 한국학의 태동기를 함께 하였다. 돌아와 불교학 박사과정을 수료한 후 다시 한국학교수로 나간 것이 2010년 헝가리 ELTE대학교 한국학과 교수였다. 거기서 학생들에게 들었던 질문이 이 책들을 쓰게 한 원동력이 되었다. 'K Pop 콘텐츠로 한국의 드라마와 영화, 음악 등을 공부했는데 그 다음에는 뭐가 있나요?' 당시에는 대답하지 못하였다. 한 번도 생각한 적이 없는 이 화두를 붙들고 그들이 알고 싶어하였던 한국의 역사와 문화, 철학, 종교를 아우를 수 있는 콘텐츠를 찾아 헤맸다. 마침내 얻은 결론이 그 모든 것의 결정체 우리의 고전 《삼국유사》였다. 그후 지금까지 꾸준히 유럽과 터키, 인도, 미국 등에서 대학 특강을 하고 유럽 학회에서 발표를 하며 지금까지 《삼국유사》를 K Classic콘텐츠화하여 세계에 알리고 있다.

그 첫 번째 소산이 《삼국유사, 여인과 걷다》(2016)이고 두 번째 결실이 《삼국유사, 자장과 선덕여왕의 신라불국토 프로젝트》(2019)이다. 이제 세 번째 책 《삼국유사, 원효와 춤추다》를 내놓는다. 사실 이 책은 '자장과 선덕'보다 원고는 먼저 탈고하였지만 올해에서야 출판의 기쁨을 맛보게 되어 더욱 감회가 깊다. 어쩌면 그때보다 지금이라서 더 좋을지 모른다. 한 줄이라도 공부의 나이테가 늘지 않았을까 해서이다. 그렇지만 그럴수록 미적거리며 원효元曉(617-686)의 경전을 들여다보고 답사를 한 곳이라도 더 가야 한다며 마무리를 못하고 해찰을 부리게 되었다.

《삼국유사, 원효와 춤추다》는 2016년 서울 법련사 불일아카데미 강좌와 월간 〈법련〉 연재를 통해 시작되었다. 법련사 주지 진경 스님과 불일아카데미 공부 도반들 덕분이다. 고개 숙여 감사드린다. 또 삼국유사 시리즈 연재 세 번째 책인만큼 원효의 요석공주나 의상의 선묘낭자, 사복의 어머니 등의 경우 《삼국유사, 여인과 걷다》와 겹치고 원효와 동시대를 이끌었던 선덕과 김유신, 김춘추는 《삼국유사, 자장과 선덕여왕의 신라불국토 프로젝트》와 중첩되는 부분이 있다. 다시 정독하는 기회라 생각해주셨으면 하고 양해를 부탁드린다.

2020년을 세계인이 총출연해 재난영화를 찍고 있는 중이라는 비유를 한 사람이 있다. 정말 한 번도 상상하지 못한 난생 처음 겪는 일이 벌어지고 있지만 그래도 좋은 점을 찾아보자면 '철학'을 하는 시간이 많아졌다는 것이다. Philosophy, 즉 지혜(sophy)를 사랑하는(Philo) 일이 철학이다. 여기서 지혜를 거창한 것이라 생각하지 않는다. 나를 돌아보는 일, 곰곰이 자신에 대해 관찰하고 생각해보는 일도 철학하는 것이라 믿는다.

그리하여 나도 생각해보았다. 내가 꿈에도 생각하지 않았던 새로운 학문 분야의 한국학자가 되어 우리 인문고전의 대중화와 세계화를 위해 미력이나마 힘을 쏟는 까닭이 무엇인지, 그 힘의 원천은 어디에서 나는지…. 그것은 놀랍게도 늘 내 안에 계신 오래전 작고하신 '엄마'와 함께하는 일임을 알게 되었다. 철학의 결과이다.

엄마는 한국 전쟁 때에 '국민학교' 졸업장도 없이 최종 학력을 마치신 분이다. 오남매 중 맏딸인 나를 위하여 갖은 고생을 하며 뒷바라지를 하신 뜻을 이제와 생각하니 엄마는 못다 한 공부를 나를 통해 하고 싶으셨던 것 같다. 남들은 하나도 하기 어렵다는데 두 개의 박사학위를 했느냐는 질문을 종종 받는다. 결론은 애초에 두 개를 할 생각이 전혀 없었다는 것. 첫 번째 할 때 정말 힘들었기 때문이다. 두 번째 불교 박사과정은 그저 불교공부를 한 10년, 불교식 표현대로 훈습이 되기를 바라는 마음으로 들어갔다. 그 10년 동안 논문을 쓰라고 여러분이 무수히 고마운 말씀을 해도 내 마음은 흔들리지 않았다.

그러던 어느 날 10여 년의 공부를 모아 폭풍처럼《삼국유사》논문을 썼고, 그것이《삼국유사》를 이렇게 알리라는 라이센스였는지도 모르겠다. 그때부터《삼국유사》주행연습을 하고 있는 중인지 세 번째《삼국유사》한국학 텍스트의 머리글을 쓰게 되었다. 그 달리는 힘의 원천, 나를 이리로 데리고 오신 분 여래(如來)이신 엄마께 이 작은 저서를 바친다.

2020년 12월
일마다 공덕, 공덕동 아현글방에서
정진원 삼가 쓰다

차례

우리는 언제부터 춤추는 것을 멈추었을까

원효는 신라의 붓다로 7세기 당시 세상의 중심이었던 중국을 넘어 세계적인 석학으로 새롭게 조명되고 있다. 원효는 훌륭한 학승으로 방대한 책을 남긴 저술가이기도 하지만 자유로운 영혼의 대중예술가이기도 하였다. 무애박을 두드리며 걸림 없는 노래와 춤을 추며 신라의 천촌만락千村萬落에 불교를 전파한 것이다.

우리는 모두 원효처럼 자유롭게 노래하고 춤추고 살 수 없을까. 나도 어린 시절에는 부끄럼 없이 거리낌 없이 목청껏 노래 부르고 엿장수 가위소리와 북소리에도 엉덩이가 들썩거리던 천진난만한 어린아이였었는데 말이다.

요즘 인간의 정의는 '호모 루덴스HOMO LUDENS', 놀이하는 인간에서 더 나아가 '호모 나랜스HOMO NARRANS', 이야기하는 인간으로 이행되고 있는 것 같다. 사실 이즈음의 키워드라 할 수 있는 '소통, 경

청, 공감' 같은 단어들은 모두 '이야기'를 전제로 하고 있다. 인간은 이야기 없이 살 수 없다. 우리 오천년 역사의 면면은 이야기들로 가득 차 있다. 어찌 보면 노래와 춤 또한 감정의 언어요 몸짓의 언어이자 또 다른 모습의 이야기라고 할 것이다.

원효를 읽다보면 그렇게 그의 속내를 들여다보노라면 어느새 나 자신과 주위 사람들이 함께 한바탕 노래하고 춤추는 장면을 떠올리게 되고 그 열망이 점점 커져 그 안으로 빨려 들어가게 된다. 필자 또한 놀이를 좋아하고 이야기를 좋아하는 한 인간으로서 그들의 희로애락을 말하지 않고는 못 배겨 이 책을 쓰고 있는지도 모르겠다.

우리나라 사람 중 웬만해서는 《삼국유사》를 모르는 사람이 없는 것처럼 원효를 모르는 사람도 없을 것이다. 그러나 많이 들었다고 해서 익숙하다고 해서 다 잘 알고 있는 것은 아니다. 《삼국유사》 하면 일연 스님이 썼다는 것, 《삼국사기》는 정사인데 비해 《삼국유사》는 야사로 치부된다는 정도를 넘지 못하는 경우가 대부분이다. 원효도 유명하긴 한데 퍼뜩 떠오르는 것은 해골 물을 마시고 깨달았다는 것, 요석공주와 결혼해 설총을 낳은 파계승이라는 것, 조롱박을 두드리고 무애무를 추면서 저잣거리를 떠돌았다는 데에서 멈출 것이다.

그동안 《삼국유사, 여인과 걷다》와 《삼국유사, 자장과 선덕여왕의 신라불국토 프로젝트》라는 두 권의 책을 통해서 《삼국유사》가 박제된 과거에서 걸어 나와 사람들의 온기가 살아 숨 쉬는 인간 중심의 이야기임을 나누고자 하였다. 이제 자장과 동시대를 살다 간 원효의 이야기에서 우리 불교의 특징인 회통불교를 《삼국유사》에 어떻게 족적을 남기고 갔는지 그 자취를 더듬더듬 따라가보고자 한다.

《삼국유사》의 저자 일연一然(1206-1289)은 원효를 인간적으로 퍽 좋아했던 것 같다. 원효의 다양한 모습을 가감 없이 여러 각도에서 그려내고 있다. 원효의 출중한 불교 지식과 지혜로운 모습, 수행자로서의 모습과 아들을 생각하는 아버지의 인간적인 면모까지 볼 수 있다. 뿐만 아니라 여인과 희롱하고 관음보살을 눈앞에 두고도 못 알아봐 친견을 못하는 헛똑똑이 일화까지 깨알같이 묘사하고 있다. 그래서 그가 당시 중국의 13개 종파를 회통한 불교적 위상이나 초지보살에서 훌쩍 벗어났음에도 우리와 같은 범부의 모습으로 노래하고 춤추는 인간 붓다로 우뚝 서 있는 모습이 더욱 위풍당당하게 보이는지도 모른다.

알고 보면 원효와 일연은 고향이 같다. 당시 그들의 고향 장산章山은 지금의 경상북도 경산 지역이다. 경산에서는 원효와 그의 아들 설총, 그리고 일연을 세 분의 성인, 삼성三聖으로 기리고 있기도 하다. 어쩌면 여기서도 동향의 선배를 롤모델로 삼고자 하는 일연의 마음을 엿볼 수 있을 것이다.

이제 걸림 없이 춤추는 신라의 붓다 원효를 만나러 가야 할 시간이다. 《삼국유사》의 원효 관련 기록을 차례대로 살펴보면 다음과 같다.

1-태종춘추공조太宗春秋公條 662년

　당나라 소정방이 보낸 '난새와 송아지' 그림을 해석하여 고구려와

의 전투에서 이긴 이야기

2-동경흥륜사東京興輪寺 금당십성조金堂十聖條 702년

신라 최초의 절 흥륜사 서쪽 벽 세 번째 앉은 이야기

3-전후소장사리조前後所將舍利條 661년

의상義湘과 함께 당나라에 유학 가려고 고구려에 갔다가 되돌아온

이야기, 그 유명한 해골 물 마시고 화엄의 일체유심조一切唯心造 사

상을 깨달았다는 스토리텔링의 바탕이 된 이야기

4-낙산이대성조洛山二大聖條 671년

의상이 관음을 친견한 것과 대조적으로 원효는 벼 베는 여인과의

희롱, 개짐(생리대)을 빨고 있는 여인이 준 물을 쏟아버린 이야기,

소나무 위 파랑새의 경고를 무시하고 나서 관음의 진신임을 뒤늦

게 알아차리고 후회하는 이야기

5-이혜동진조二惠同塵條 579-632년

혜공과 원효의 여시오어汝屎吾魚 일화로 두 스님의 유쾌한 법거량

의 무대 오어사 이야기

6-원효불기조元曉不羈條 617-686년

무애의 삶을 산 원효의 일대기는 다시 여러 개의 작은 이야기로 나

누어진다.

①지금의 경산 불지촌에서 석가모니 부처님과 같이 밤나무골 사라

수 아래에서 출생한 이야기

②출가 후 자신의 집을 초개사初開寺로 희사하고, 사라수 옆에 사

라사裟羅寺를 세운 이야기

③태종무열왕의 딸 과부 요석공주와 만나 신라십현新羅十賢 설총
薛聰을 낳은 이야기

④설총을 낳은 후 환속하여 무애無碍 바가지를 두드리며 노래하고
춤을 추며 백성들에게 부처와 나무아미타불 염불을 가르쳐 교화
한 이야기

⑤초개사의 초개, 원효의 새벽, 모두 불교를 처음 빛나게 했다는 뜻
이니 왕과 귀족의 전유물인 불교를 민중 속으로 대중화시킨 이야기

⑥분황사芬皇寺에 살면서《화엄경소華嚴經疏》를 짓다가 〈십회향품
十廻向品〉에 이르러 직접 회향해야 함을 통감하며 절필하고 저자거
리로 회향하러 나간 이야기

⑦해룡의 권유로 소를 타고 두 뿔 사이에서《금강삼매경소金剛三昧
經疏》를 짓고 시각始覺과 본각本覺의 숨은 뜻을 나타낸 이야기

⑧원효의 스승 대안법사大安法師가 저잣거리에서 바라를 치며 '대
안, 대안'을 외쳐서 그 이름이 붙었다는 이야기, 순서가 뒤바뀐《금
강삼매경金剛三昧經》을 대안법사가 차례를 바로잡고 원효에게 청
하여 소疏를 짓게 한 이야기

⑨원효가 입적했을 때 아들 설총이 유해를 부수어 원효상을 만들
어 분황사에 안치했는데, 설총을 돌아본 모습으로 고개를 돌린 채
남아있는 이야기

7-의상전교조義湘傳教條 650년

의상과 함께 불교를 공부하러 요동으로 갔다가 순라군에게 잡혀
수십일 만에 돌아온 이야기

8 – 사복불언조蛇福不言條 617-686년

사복이 그의 어머니가 죽자 고선사에 있는 원효에게 함께 장례를
치루자고 청한 이야기, 생과 사 모두 괴롭다는 사복의 게송과 함께
연화장세계로 들어가고 원효만 돌아온 이야기, 사람들이 그를 위
해 금강산에 도량사를 지은 이야기

9 – 광덕엄장조廣德嚴莊條 626-681년

엄장이 친구 광덕의 뒤를 이어 서방정토로 왕생하기를 서원하자 원
효는 엄장에게 청정한 몸으로 번뇌의 유혹을 끊는 쟁관법錚觀法을
가르쳐 서방정토로 가게 한 이야기

10 – 낭지승운朗智乘雲 보현수조普賢樹條 661년

원효가 반고사磻高寺에 있을 때 낭지가《초장관문初章觀文》과《안
신사심론安身事心論》을 짓게 한 이야기

이상과 같이《삼국유사》속에서 원효가 등장하는 연대는 이야기
에 따라 들쑥날쑥하지만 617년에 태어나 686년 70세로 입적하기까
지의 파란만장한 그의 생애가 다채롭게 수놓아지고 있다.

이 책에서는《삼국유사》에 등장하는 순서와〈원효불기〉조를 통한
그의 생애를 중심축으로 삼고 다른 책의 이야기들을 끼워 넣어 일연
이 바라본 원효라는 인물을 재구성해 보고자 한다.《삼국유사》를 보
충해줄《삼국사기三國史記》,《화랑세기花郞世記》,〈고선사서당화상비高
仙寺誓幢和尙碑〉와《송고승전宋高僧傳》등을 비롯한 관련 자료와 그의
저서들도 섭렵하고자 한다.

그리하면 원효는 당시 신라의 울타리를 뛰어넘은 세계적 철학자, 통일신라의 대중을 위한 대중의 붓다, 범속한 세간에서 어느 잣대로도 잴 수 없는 대자유 무애인으로 우뚝 서서 우리를 맞아 줄 것이다. 우리는 함께 어깨춤으로 화답할 일.

제 1 장

원효, 난새와 송아지의 다빈치 코드를 풀다

원효와 김춘추
그리고 김유신의 삼국통일

《삼국유사》속 원효의 이야기가 첫 번째로 등장하는 것은 제1권 〈기이紀異 제1편〉 '태종춘추공조'에서이다. 신라가 삼국통일을 하는 데 지대한 영향을 끼친 핵심 인물에 김춘추金春秋(604-661)와 김유신金庾信(595-673)이 있다. 그리고 그들이 역사를 만들어가는 장면에 결정적으로 원효가 등장한다. 김춘추와 김유신 그리고 원효(617-686)가 벌이는 삼국통일 이야기. 그 이름만으로도 무언가 두근두근 흥미진진하지 않은가.

　김춘추가 신라 29대 왕이 되고 김유신과 함께 삼국통일을 향해 달려가고 있을 때 그 판세를 가름하는 전투에 원효의 활약이 펼쳐진다. 당나라와 연합해 백제를 멸망시키고 고구려를 또한 함께 공략하고 있던 문무왕 2년(662) 전투에서 일어난 일이다.

총장總章 원년 무진(서기 668)[총장 원년이라면 이적李勣의 일이다. 아래 글에 소정방이라고 한 것은 잘못된 것이다. 만약 소정방의 일이라면 연호도 당연히 용삭龍朔 2년 임술(서기 662)이어야 하니, 소정방이 평양성을 포위하였을 때의 일이 된다.]에 우리 신라에서 청한 당나라 군사가 평양 교외에 주둔하고, 편지를 보내 급히 군량미를 보내달라고 하였다. 문무왕이 여러 신하들을 모아 이에 대해 물었다.

"적국에 들어가 당나라 군대가 주둔한 곳까지 가자면 그 형세가 위태로울 것이오. 그러나 우리가 요청한 당나라 군대가 군량이 떨어졌다는데도 이를 보내지 않는다면 또한 부당한 일이오. 어떻게 해야 하겠소?"

그러자 김유신이 아뢰었다.

"신 등이 군량미를 수송할 수 있습니다. 청하옵건대 대왕께서는 근심하지 마십시오."

그리고 유신과 인문仁問 등이 수만 명을 거느리고 고구려 국경으로 들어가 군량 2만 섬을 보내주고 돌아오자, 왕은 크게 기뻐하였다.

또 군사를 일으켜 당나라 군사와 만나려고 하였는데, 유신이 먼저 연기와 병천 두 사람을 보내 만날 날짜를 물었다(庾信先遣然起兵川等二人問其會期). 그러자 소정방이 난새와 송아지를 그려서 보냈다. 사람들이 그 뜻을 몰라서 원효법사에게 물으니, 이렇게 풀이해 주었다.

"속히 군대를 돌아오게 하시오. 송아지를 그리고 난새를 그린 것은 두

음절로 '속환速還'의 뜻이 되는 것이오."

그래서 유신은 군사를 돌려 패강을 건너며 군령을 내려 말하였다.

"뒤에 건너는 자들은 목을 베리라!"

군사들이 앞다투어 반쯤 건넜을 때였다. 고구려 군사가 공격해 와 미처 건너지 못한 자들을 죽였다. 하지만 그 다음날 유신은 고구려 군사들을 도로 추격하여 수만 명을 잡아 죽였다.

이와 같이 662년 신라는 급박하게 돌아간다. 당나라 소정방이 고구려 수도 평양을 포위하고 신라에 급히 군수물자를 요청한다. 신라의 김유신은 위험을 무릅쓰고 고구려에 들어가 군량미를 전송하고 돌아오는 쾌거를 이룩한다. 여기서도 연기와 병천의 인명과 충청도 지명의 이중적인 의미가 읽힌다. 여기서는 난새와 송아지 암호 해독에 힘써야 하므로 맛보기 암시 정도로 넘어가지만 앞으로 좀 더 세심한 연구가 필요하다.

난새와 송아지의
다빈치 코드

그 후 김유신이 소정방에게 나당연합군이 고구려를 공격할 시기를 묻자 소정방은 '난새(鸞, 봉황을 닮았다는 전설 속의 새)와 송아지(犢)를 그려 보냈다(唐帥蘇定方 紙畫鸞犢二物)'는 것이다. 얼핏 뜬금없어 보이는 이 답장의 의미는 무엇이란 말인가. 신라 사람들은 당연히 아무도 그 뜻을 해독하지 못한다. 결국 원효에게 도움을 청한다. 그러자 원효가 대답하였다. '화독화난이절야畫犢畫鸞二切也'이 대답 또한 풀기 어려운 숙제이다. 이 다빈치 코드를 어떻게 풀 것인가.

①송아지와 난새를 그린 것은 둘이 떨어지라는 것을 일컫는다.(고영섭 역)

②속히 군사를 돌이키라는 뜻이니 송아지와 난새를 그린 것은 두 물건이 끊어지는 것을 뜻한 것입니다.(이민수 역)

③송아지를 그리고 난새를 그린 것은 화독(畫犢, 송아지를 그리다)과 화난(畫鸞, 난새를 그리다)의 반절음으로 '혹한', 즉 빨리 돌아가라는 '속환速還'의 뜻이 되는 것이오.(신태영 역)

답은 몇 번일까. 나는 ③의 해석이 가장 근사하다고 생각한다. 지금까지 신라시대의 향가가 남아있고 그 향가를 기록한 글자를 향찰鄕札이라 한다. 그러니까 원효는 이 향찰의 반절半切식 표현으로 답한 것이라고 풀이할 수 있다. 요점은 두 글자를 합쳐서 한 글자로 읽는 것이다. 이러한 반절 형식은 오래전부터 어려운 한자의 음을 표기할 때도 자주 써오던 방식이다.

곧 '화독' 또는 서독書牘(이재호 역)은 첫 글자 자음 'ㅎ(ㅅ)'과 둘째 글자 뒷부분 'ㄱ'을 합하여 'ㅎ(ㅅ)+ㄱ=혹(속)'으로 읽는 것이다. '화난'도 'ㅎ+ㅏㄴ=한(환)'으로 해독했다는 것이다. 곧 '속환', 군사를 속히 돌이키라는 의미이다. '혹한'이라고 발음되는데 어떻게 '속환'이 되느냐고 따질 일은 아니다. 현재도 '혀'를 '세'라고 하는 경상도 방언을 생각해보시라. 신라 당시 맞춤법이 있지도 않았고 훈민정음도 없는 시절이었으니 암호는 뜻만 통하면 되는 일.

어쨌든 이 그림의 암호 해독문을 원효가 그 자리에서 풀었다는 것 자체가 대단한 일 아닌가. 아마도 소정방은 고구려 첩자를 의식해서 암호문을 그림으로 그려 보낸 것이 아닐까. 그 결과 김유신은 속히 군사를 돌려 손실을 최소화하고 그 다음날 고구려군을 공격하여 대승을 이루었다고 한다. 이 이야기는 《삼국사기》〈본기本紀〉 문무왕 2년조와 《삼국사기》〈열전列傳〉 김유신 편, 《동국통감東國通鑑》, 〈김인문 묘비명〉에 자세하다.

이것이 《삼국유사》에 처음 등장하는 원효의 모습이다. 법사로 등장하여 암호문을 해독해서 나당 연합군이 고구려를 대파하는 데 혁혁한 공을 세운다. 662년 삼국통일에 박차를 가하는 유신과 춘추의 아들 문무 활약에 승리를 안겨주는 핵심 브레인 역할이 마흔다섯 원효의 모습이다.

원효의 반룡사 창건,
요석공주와 설총의 후일담

662년 당시 원효는 어디에 살면서 이 암호를 해독한 것일까. 원효는

《화엄연기회권》의 원효(일본 교토 고산사)

고향 근처에 반룡사盤龍寺를 짓고 그곳에 살고 있었다고 전한다. 그렇다면 반룡사는 구체적으로 어디에 있었고 어떤 역사적 스토리텔링을 품고 있을까.

구룡산을 아우르는 반룡사가 있던 곳은 지금의 경산 지역이다. 신라 때 압량주로, 삼한시대에는 압독국押督國, 압량국押梁國이라고도 불렀다. 102년 사로국斯盧國(신라)에 병합된 이후에도 자치권을 인정받아 신라와 동반관계에 있으면서, 경주를 보호하는 전략적 요충지의 역할을 해왔다. 특히 선덕여왕善德女王(?-647)이 김유신을 압량주 군주로 임명하고 삼국통일의 주요한 군사 거점지역으로 삼았던 곳이다.

648년 김유신은 백제를 공격하여 대야성 등을 회복한다. 655년 1월에는 고구려와 백제의 동맹군에게 성을 빼앗기기도 하고, 김춘추도 옥천의 조천성 공략에 실패한다. 요석공주의 남편 김흠운金歆運이 낭당대감으로 출전하였다가 이때에 전사하였다. 무열왕은 사위였던 그의 소식을 듣고 애통해 하였으며 흠운에게 일길찬이라는 벼슬을 추증하였다고 한다.

이러한 군사적 요충지 내지 격전지에 있는 반룡사를 661년(문무왕 1) 원효가 창건하였다고 전한다. 원효는 늘 전쟁이 그치지 않는 고향 경산에 반룡사를 짓고 백성을 위무하고 위기에서 나라를 구하는 암호 해독도 하면서 살고 있었다는 이야기이다.

628년 서당誓幢(원효의 어릴 때 이름)이 12세 때 원효의 부친 담날談捺도 전쟁터에서 전사하였기에, 전쟁으로 피폐해진 사람들의 마음을 누구보다 잘 알았을 것이다. 원효는 그가 태어난 압량군의 남쪽 불

지촌佛地村이 있는 경산 땅에서 이들과 살면서 '나무아미타불南無阿
彌陀佛'을 가르치고 '부처'를 알리는 일을 하였을지도 모르겠다. 왕족
과 귀족불교에서 최초로 민초불교를 전파하는 곳이 고향 불지촌, '부
처의 땅'이라면 얼마나 보람있는 일이셨는가.

한편 655년 김흠운의 전사 이후 과부가 된 요석공주는 세상이 떠
들썩하게 원효와 드라마틱한 러브 스토리의 주인공이 된다. 그리고
신라의 십현으로 칭송되는 아들 설총을 낳는다.

그와 관련된 이야기도 반룡사에 전한다. 설총薛聰은 성이 설 씨요
이름은 글자 그대로 총명할 총聰이었으니 우리말로 '똑똑이'라고 불
렀을지도 모른다. 어머니 요석공주와 함께 유년 시절을 반룡사에서

원효와 요석 그리고 설총이 살았다는 반룡사

보냈다는 것이다. 요석공주는 원효를 만나기 위하여 원효의 고향 집 초개사를 찾았으나 만나지 못하고 원효의 고향인 불지촌에서 설총을 출산하였다고 한다. 그 후 원효를 찾아 반룡사까지 찾아왔는데 그 모습은 흰옷을 입은 백의 관음을 연상케 하였다고 전해진다. 《삼국유사》에 자주 등장하는 관음보살. 어쩌면 요석은 원효를 신라의 부처로 만든 관음보살의 화신이었는지도 모르겠다. 그리하여 반룡사는 동해의 낙산사, 남해의 보리암, 서해의 보문사와 더불어 우리나라의 대표적인 4대 관음도량으로 꼽힌다.

무열왕 부부와
왕재

반룡사에 딸 요석공주와 손자 설총을 만나기 위해 무열왕 내외가 찾아왔다는 고개 이야기가 지금도 전해진다. 왕이 반룡사에 오느라 넘어온 산 이름이 '왕재'이다. 왕재는 용성면과 구룡산의 지산인 반룡산 깊은 계곡을 오르는 오솔길 중 하나로 과거에는 경주와 경산을 잇는 지름길이었다고 하니 일리가 있다.

한편 반룡사에는 원효의 창건에 이어 고려의 원응국사 학일學一(1052-1144)의 중창으로 당시에는 암자와 25동 이상의 전각이 있는 대찰이었다. 그러나 1592년 임진왜란 때 불에 타 1641년(인조 19) 계운戒雲과 명언明彦이 중창하였다. 조선 말 다시 화재로 소실된 것을 1920년에 운학雲鶴이 중창하였다. 《경상도읍지》에 수록된 〈반룡사사적비문盤龍寺事蹟碑文〉에는 선당禪堂, 승당僧堂, 대광전大光殿, 가허루駕虛樓, 관음전觀音殿, 원음전圓音殿, 향적전香積殿, 법성료法性寮, 원융전圓融殿, 팔상각八相閣, 홍려선鴻廬殿, 무상원無常院, 극락전極樂殿, 봉황문鳳凰門, 금강문金剛門 등을 기록하고 있다.

현재 반룡사는 1950년대 이후 중건하여 대웅전 왼편 승방 안에 원효와 설총의 진영이 모셔져 있다. 석등 하대석과 태민대사비석太敏大師碑石 등의 석조유물이 남아있고 산내 암자로는 반룡사를 기준으로 내원암, 은선암, 취운암이 있었던 것으로 추정된다.

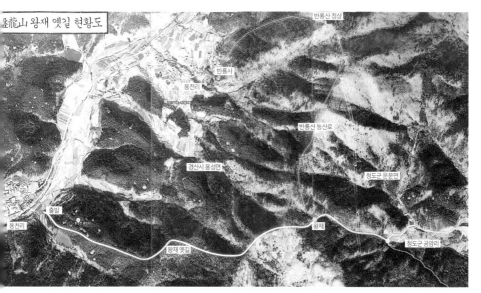

왕재 옛길 지도

반룡사를 노래한
이인로 〈산거〉

대웅전 앞에는 《동국여지승람東國輿地勝覽》에 수록된 이인로李仁老의
반룡사 시詩 〈산거山居〉가 붙어있다.

　　봄은 가도 꽃은 오히려 여전하고
　　하늘 개어도 골짜기는 절로 깊다
　　두견새 한낮에 울어 예니

시각의 복성거사(원효) 거처(반룡사) 그윽하다

春去花猶在 天晴谷自陰

杜鵑啼白晝 始覺卜居深

일반적으로 마지막 구절 '시각복거심始覺卜居深'을 '내 사는 곳 이
슥함을 비로소 알겠네' 등으로 해석하지만 나는 '시각始覺'에 대한 생
각이 다르다. 이인로는 출가하여 불교공부를 했던 유학자이다. 따라
서 '시각'은 번뇌에 가려 드러나지 않던 청정한 깨달음의 성품이 서서
히 활동한다는 의미로 본다. 이 시각은 중생이 본디 갖추고 있는 청
정한 마음인 '본각本覺'에 의한 것임을 노래한 불교 철학적 사유이다.
또 '복거卜居'는 원효가 요석공주와 만난 이후 스스로 '복성卜姓' 또는
'소성小姓'이라 자기를 낮추어 불렀던 것으로 원효의 거처로 보아야
할 것이다. 이인로가 '반룡사'에 들러 지은 '산거'의 의미를 노래한 시
라면 적어도 이러한 원효와 관련된 유적과 생애와 관련된 시로 해석
해 봄직하다.

이처럼 원효의 난새와 송아지 그림 해독의 스토리텔링 저변에는
반룡사와 요석공주, 설총, 김춘추, 김유신, 경산, 압량국, 불지촌, 원효
의 대중 교화들이 인드라망처럼 촘촘히 연결되어 있다. 이것이 전설
이면 어떻고 실화면 어떠랴. 당시 민중의 염원이 담겨 있고 그랬으면
좋겠다는 원顯이 지금까지 면면이 이어져 오고 있다는 사실이 중요
하다.

21세기에도 여전히 살아 숨 쉬는 경산 반룡사의 신라 인물들. 자

이제 그 반룡사로 떠날 일만 남았다. 그곳에는 유쾌한 희희 혜해 주지스님이 열심히 반룡사를 가꾸며 매년 요석공주 다례재를 마련하고 있다. 한바탕 축제의 춤판을 벌여 원효의 넉넉하고 자유로운 품새와 백의관음白衣觀音 요석을 만나 아이처럼 노래하고 춤추는 시간. '초발심시변정각初發心時便正覺', 초발심에 깨달음을 얻기 위하여!

제 2 장

원효가 동경 흥륜사 금당 서쪽 벽에 앉은 까닭은

흥륜사는
어디에

《삼국유사》 속 두 번째 원효의 자취를 나타내는 곳은 흥륜사이다.
원효는 그곳에서 누구와 어떤 춤을 추고 있을까. 무엇을 노래하고 싶
었을까.

　흥륜사는 경주공고 자리에서 '대왕흥륜大王興輪'이라는 와편이 발
굴되어 그곳으로 절터가 추정되고 있다. 그런데 그곳에서 정작 900
미터 정도 떨어진 곳에 '흥륜사興輪寺'라고 현판을 단 절이 현존하고
있어 헷갈리게 하는데 아이러니하게도 그 절에서는 '영묘靈妙'라는
와편이 출토되었다. 그리고 신라의 미소로 유명한 수막새가 출토되었
다. 결국 현재 흥륜사는 신라의 영묘사靈妙寺일 가능성이 아주 높다.

흥륜사 수막새와 寺와 興 글자 와편

'흥륜사'로 쓰고 '영묘사'로 읽어야 하는 이 절은 이 기회에 영묘사로
이름을 바꾸는 것도 고려해봄직하다.

흥륜사와 영묘사 두 절은 《삼국유사》에서 '전불시대前佛時代 칠처
가람七處伽藍'의 첫 번째와 다섯 번째로 열거되는 절이기도 하다. 흥
륜사는 아도화상阿道和尙이 천경림天鏡林에 세우고 법흥왕法興王 때
(527) 다시 지어 법흥왕이 만년에 스스로 출가한 절이고, 영묘사는
646년 선덕여왕 때 지어진 절로 선덕의 예지력을 유감없이 발휘하
여 백제군을 무찌른 무대의 절로 유명하다. 이제 흥륜사와 그 절에
모셔져 있던 신라십성新羅十聖과 원효의 이야기 속으로 여행을 떠나
보자.

신라의 미소로 알려진 영묘사 수막새

《삼국유사》〈흥법 제3〉에 기록된 '동경 흥륜사 금당십성' 원효 이야기의 전문은 다음과 같다.

동쪽 벽에 앉아서 서쪽으로 향한 니상泥像은 아도我道·엄촉厭觸·혜숙惠宿·안함安含·의상義湘이다.

서쪽 벽에 앉아서 동쪽을 향한 니상은 표훈表訓·사파蛇巴·원효元曉·혜공惠空·자장慈藏이다.

짧아도 너무 짧은 이 내용만으로는 이곳에 모셔진 신라 스님들이 언제 어떻게 조성되었는지 어떤 기준으로 이들이 십성에 들었는지

알 수가 없다. 흥륜사가 신라의 첫 번째 절이니까 신라 불교를 널리 알리고 교화한 스님들이었을 것이라는 설, 열 분의 성인을 한꺼번에 조성한 게 아니라 시간을 두고 조성하다 표훈이 마지막이 된 이유는 신라 하대에 선종이 발달했기 때문이라고 보는 설(조법화), 이렇게 전문이 짧은 문장으로 이야기가 끝난 것은 일연이 누군가 적어놓은 것을 인용하였을 가능성(이기백)과 직접 쓴 것(김상현)이라는 등 그야말로 여러 설이 분분하다.

더욱이 우리 귀에 익숙한 신라에서 이름을 떨친 다른 스님들, 세속오계世俗五戒를 지은 원광법사圓光이나 문두루비법文豆婁秘法을 써 나라를 구한 명랑明朗, 향가의 대가인 월명사月明師, 충담사忠談師, 그 외 기라성 같은 낭지朗智, 진표眞表, 태현太賢, 대안大安 등은 왜 십성에 들지 못했을까를 추리하다 보면 물음표만 꼬리를 물게 마련이다. 차근차근 제목부터 일연의 '다빈치 코드'를 풀어보자.

동경의
다빈치 코드

먼저 제목이 '동경흥륜사東京興輪寺 금당십성金堂十聖'이다. '동경東京'이라고 칭한 곳은 물론 신라 수도 서라벌徐羅伐이다. 우리에게는 '동경' 하면 쉽게 떠오르는《삼국유사》'처용랑處容郎 망해사望海寺'조의 향가가 있다. 그 유명한 〈처용가處容歌〉는 '동경 밝은 달 아래 밤들이 노니다가 들어와 자리 보니…'로 시작한다. 먼저 신라 향가나 〈단속사비문斷俗寺碑文〉, 〈동도성립기東都成立記〉 등 신라시대 기록에 나타나는 이 '동경'이란 지명부터 수상쩍다는 시선을 보내는 학자가 있다. 신라 경순왕이 935년 고려에 항복하면서 그 수도 이름을 '경주'로 고쳤다가 987년 '동경'으로 개칭했기 때문에 이 글은 일연이 고려시대를 의식하고 쓴 기록이라는 것이다. 그러므로 '금당 십성'도 몽고 침입으로 흥륜사가 불탄 뒤 고려시대에 다시 중창하면서 만들어졌을 가능성이 있다는 것이다.(조범환)

　과연 그럴까, '동경' 이라는 명칭에 대한 첫 번째 다빈치코드에 여러분은 어느 쪽에 무게 중심을 둘 것인가. 신라일까 고려일까….

흥륜사,
신라의 랜드마크

두 번째는 '흥륜사'이다. 서두에서 잠깐 언급했지만 신라 최초의 사찰로 아도가 불교를 전파하면서 세워졌다. 그가 죽고 나서 폐사된 후 법흥왕 때(535?) 다시 지어져 진흥왕 때(544) 완공되었다. 진흥왕(재위 540-576)은 '대왕흥륜사大王興輪寺'로 편액을 하사했다고 하니 그야말로 '대왕의 절'로서 법흥과 진흥 두 왕이 만년에 출가를 한 절이기도

경산 반룡사

하였다. 진흥왕은 어릴 때 즉위하였기 때문에 실제 완성자는 법흥왕의 딸이자 진흥왕의 어머니인 지소태후只召太后였을 것이다. 10년 동안 섭정을 하였기 때문이다. 불교를 국교로 공인하여 이름도 불교의 법을 일으킨다는 '법흥'이요, 불교를 진작하여 '진흥'인 신라불교의 중요한 왕 둘이 출가한 '왕 중 왕' 절이라 할 수 있다.

그 후에도 흥륜사는 《삼국유사》에 여러 번 등장한다. '미륵선화彌勒仙花 미시랑未尸郎 진자사眞慈師'조에는 흥륜사의 진자가 미륵상에 서원하는 기록이 나온다. '밀본최사密本摧邪'조에서는 승상承相 김양도金良圖가 병이 낫자 흥륜사 오당吳堂에 미타존상彌陀尊像과 좌우협시보살左右脇侍菩薩을 조성한 이야기가 나오고 또한 선덕여왕이 병이 나자 흥륜사의 법척法惕을 불러 병을 치유하고자 하는 내용도 있다. '대성大城 효이세부모孝二世父母'조에서는 김대성이 흥륜사의 점개漸開 스님이 하나를 보시하면

만 배를 얻는다는 말에 전 재산을 보시하고 다시 태어나 불국사佛國
寺와 석굴암石窟庵을 짓게 되는 이야기가 펼쳐진다.

'김현감호金現感虎'조에서는 흥륜사에서 탑돌이를 하던 김현과 호
랑이처녀의 러브 스토리가 그려지고 있다. 그 외에도 더 많은 이야기
들이 있는데 이와 같이 흥륜사는 신라시대 내내 왕실의 절로 시작
하여 가난한 신라 백성들과 호랑이에 이르기까지 스토리텔링의 무
대배경으로 삼을 만큼 신라를 대표하는 신라인의 절이었다고 할 만
하다.

게다가 원효가 흥륜사에 주석했다는 기록도 있다. 13세기 일본
승려 진원眞圓은 원효의 《능가경종요楞伽經宗要》를 보았다는 기록이
있는데 그 책에 원효의 거처가 '흥륜사'로 명기되어 있다(김상현). 그러
므로 이 유서 깊은 절에 신라의 십성이 모셔지게 된 것은 어쩌면 자
연스러운 귀결로 보인다.

흥륜사 금당의
성인들의 특징

이제 그곳에 모셔진 열 명의 성인들을 잠깐 다시 확인해보기로 하자.
이들은 신라의 대표적인 고승들로서 아도, 염촉厭髑(이차돈異次頓)과
같이 신라의 불법을 처음 일으켰거나, 혜숙惠宿, 혜공惠空, 안함安含,

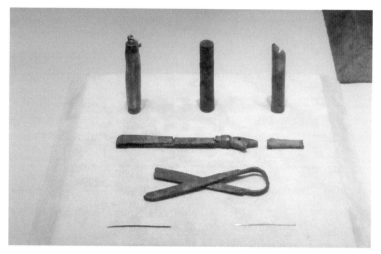

원효가 《화엄경소》를 짓고 그의 소조상이 있던 분황사 석탑 출토 바느질 도구

의상義湘, 자장慈藏 등처럼 신라 불교 건설에 힘쓴 공로가 있다. 그 바탕 위에 민족 불교로 완성한 원효, 의상, 사파蛇巴(사복), 표훈表訓 들이 십성의 이름으로 모셔져 있는 것이다.(김영태) 그렇다면 십성은 신라를 대표한 성인들인 것일까, 흥륜사와 관계있는 스님들인 것일까. 이것이 흥륜사의 코드이다.

원효는 구체적으로 어떻게 신라십성에 들게 된 것일까. 우리의 주인공 원효는 '초개사初開寺, 반고사磻高寺, 고선사高仙寺, 황룡사皇龍寺, 행명사行名寺, 분황사芬皇寺, 반룡사, 혈사穴寺' 등에 거처하며 생애를 마친 뒤 흥륜사에 모셔져 신라의 대표적인 승려로 자리 잡는다. 그가 인연을 맺은 이 절들과의 내력만을 훑어보더라도 원효의 삶에 대한 궤적과 업적을 대략 조명해 볼 수 있는 코드를 발견할 수 있다.

황룡사지

원효의
절들

원효는 출가하면서 살던 집을 초개사로 만들고(원효불기조), 반고사에
서는 《초장관심론初章觀心論》과 《안신사심론安身事心論》을 짓는다(낭
지승운보현수조). 원효는 낭지에게 가르침을 받았다고 전한다. 고선사는
원효가 주지로 있던 절인데 그의 행적을 기록한 서당화상비가 있고
'사복불언'조의 배경이 되는 곳이다. 사복의 어머니를 함께 장사 지내
고 연화장세계로 인도하며 '생과 사 모두 괴롭다(生死苦兮)'는 게송을
읊은 곳으로도 유명하다.

황룡사는 원효가 출가한 절이지만 55세가 된 671년 그곳에서 열

원효가 문무왕을 위해 중창했다는 함월산 기림사 벽화

린 백고좌 법회에는 참석조차 못한다. 아마 파계가 원인이었을 것으로 추측하는데 그러다가 672년《금강삼매경金剛三昧經》을 강설하여 스스로 '100개의 서까래가 아니라 하나의 대들보'라고 하였다는 이야기가 전하는 곳이다. 행명사는 원효가 671년《판비량론判比量論》을 탈고한 절이다. 그 책의 잃어버린 페이지를 2016년 4월 일본에서 찾았다.

분황사에서는《화엄경소華嚴經疏》를 짓고 대중교화에 나섰고 아들 설총이 소상塑像을 만들어 아침저녁으로 예경하였더니 고개를 돌려 바라본 채로 굳어졌다는 이야기가 전한다. 가장 인간적인 모습의 아버지 원효가 고개 돌린 채 바라보는 그 얼굴이 눈에 선해 내가 좋아하는 스토리텔링의 절이기도 하다.

낭지에게 바친《초장관문》을 쓴 반고사 가는 길

반룡사는 첫 번째 이야기에서 서술한대로 원효가 소정방의 '난새
와 송아지' 암호를 해독해 김유신을 돕고, 요석공주와 설총이 머물렀
다는 절이다. 혈사에서 입적하였다고 하는데 골굴사骨窟寺라는 설이
유력하고 문무왕의 넋을 기리기 위해 기림사祇林寺를 중창하였다는
이야기도 전한다.

원효의
불교

이와 같이 출가, 환속, 교화, 입적으로 이루어진 몇 개의 원효 관련 절들만으로도 그의 파란만장했던 인생을 거칠게나마 톺아볼 수 있다. 그의 생애만큼이나 원효의 학문적 태도 또한 어디에도 걸림 없이 다양하게 펼쳐졌다. 그리하여 고려의 대각국사大覺國師 의천義天(1055-1101)은 원효를 화쟁국사和諍國師로 추증했고 당시 중국의 13개 종파를 회통했다는 그의 학문 세계를 우리나라 불교의 특징인 회통불교會通佛敎로 삼기에 이르는 것이다.

곧 우리나라 불교의 대표적 특징은 원효가 창시한 통불교通佛敎로 회자되고 있다. 갈등과 대립을 넘어선 것은 그의 학문 세계뿐 아니라 신라 불교를 귀족과 왕실불교에서 대중불교로 실현한 데서 더욱 가치를 평가받아야 한다. 요컨대 원효에 이르러서야 국교인 불교가 국민의 불교가 되었다고 할 수 있기 때문이다. 신라 백성 모두가 '부처'를 알게 되었고 '나무아미타불'을 염불하게 만든 주인공이 바로 원효이다. 이것이 원효의 어깨춤이 절로 나는 통일신라 불국토이다.

원효의 이러한 가르침과 실천은 신라를 넘어 중국과 일본, 중앙아시아에까지 큰 영향을 미쳤음이 속속 확인되고 있다. 2015년에는 《대승기신론소大乘起信論疏》 투르판본이 발견되어 그의 영향력이 얼마나 컸는지 재조명되고 있다. 이미 《십문화쟁론十門和諍論》은 중국을 넘어 인도에까지 번역되어 전해졌고 《금강삼매경론金剛三昧經論》은 당나라에서 소疏에서 논論으로 격상되었다. 일본에서는 8세기 나라시대에 원효의 저술이 많이 유통되었다. 일본 국보로 전해지는 교토 고산사高山寺(고잔지) 《화엄연기회권華嚴緣起繪卷》에서는 중국 화엄종華

嚴宗의 개조 두순杜順(557-640)과 제자 지엄智儼(602-668)을 젖히고 신라의 원효와 의상을 화엄의 종조로 추앙하고 있다.

어쩌면 우리만 우리의 가치를 모르고 사는지도 모른다. 서양의 철학자나 사상가 이름과 그들의 저술을 모르면 부끄러워하면서도 그 당시 전 세계라 할 수 있는 중국, 일본, 중앙아시아, 인도를 아우르던 우리의 대사상가, 그 진리를 세상 속에 실현한 신라의 붓다 원효에 대해서는 모르는 것이 왜 이렇게 당당하고 당연한 것일까. 우리가 원효를 흥륜사 금당에서 먼지 떨어 모셔내야 하는 세 번째 코드이다.

이처럼 원효는 흥륜사에 말없이 앉아 세계를 좁다 하고 걸림 없는 회통불교사상을 신라의 춤으로 풀어내고 있었던 것이다.

제 3 장

원효와 해골 물 그리고 일체유심조

원효와 해골 물
그 오해와 진실

《삼국유사》〈흥법興法〉편 '전후소장사리조'에 그 유명한 원효의 해골 물과 관련된 이야기가 나온다. 우리의 허를 찌르는 '해골 물'의 여러 버전 이야기를 통해 원효의 역사는 당나라 유학 시도 전후로 달라진다. 드디어 우리가 알고 있는 무애인無碍人 원효가 여기서 탄생하는 것이다.

우리는 원효가 의상과 함께 당나라로 유학을 떠났다가 한밤중에 해골 물을 달게 마시고 아침에 일어나 기절초풍을 했다는 이야기를 듣고 자랐다. 그리하여 간밤의 감로수가 아침에 구역질로 바뀌며 모든 것이 마음에서 일어난다는 일체유심조一切唯心造의 유래를 잘 알

의상과 원효가 당항성으로 가던 중에 비가 내려 이틀간 무덤 속에서 쉬었다는 그림. (일본 교토 고산사《화엄연기회권》)

고 있다. 그러나 실상 기록을 찾아보면 그렇지 않다.《삼국유사》(1280년대)뿐 아니라 그보다 앞서 송대 찬녕贊寧이 저술한《송고승전宋高僧傳》(988), 북송 시대 법안종의 영명연수永明延壽가 지은《종경록宗鏡錄》, 혜홍각범惠洪覺範이 찬술한《임간록林間錄》어디에도 원효가 해골 물을 마셨다는 기록은 찾아 볼 수 없다.

일본 고산사의《화엄연기회권》에는 의상과 원효가 무너진 무덤을 동굴인 줄 알고 잠자고 있을 때 귀신이 머리맡에서 서 있는 모습이 그려져 있다. 이것은《송고승전》을 토대로 한 그림으로 보인다.

그렇게 해서 깨달았다는 원효의 오도송 내용에도 '일체유심조一切唯心造'라고 딱히 쓰여져 있지는 않다. 당나라 유학도 한 번 시도 한 것으로 흔히 알고 있는데 650년과 661년 10년에 걸쳐 어렵게 이루어진 두 번의 기회가 있었다.

이게 어찌된 일일까. 우리는 종종 잘 알고 있다고 믿는 것이 정작 그런가하고 확인해보면 이렇게 다른 경우가 많음을 목도하게 된다. 가령 가장 잘 알고 있다고 믿고 있는 나 자신에 대해서조차 누군가 말해보란다면 단박에 잘 모르고 있다는 것을 알게 되는 것과 같다고 할까.

《삼국유사》 권3 〈흥법〉편 '전후소장사리조'에 보면 당나라 유학 관련하여 다음과 같은 기록이 나온다.

> 영휘永徽 원년 경술庚戌(650)에 원효元曉와 함께 당나라에 들어가려고 고구려에 갔다가 어려운 일이 있어서 그대로 돌아갔다. 용삭龍朔 원년 신유辛酉(661)에 당에 들어가 지엄법사智儼法師에게 배웠다.

661년은 문무왕 원년이었고 그 직전 660년에는 나당연합군이 백제를 멸망시켰다. 그 말은 삼국통일을 도모했던 김춘추 무열왕이 죽은 해라는 뜻이기도 하다. 원효, 김유신과 함께 동시대를 살며 삼국통일의 중심 역할을 담당했던 삼총사 중 한 사람의 막이 내린 시점이다.

그때 원효는 44세가 되어서야 당나라 유학을 떠나게 되었다. 의상은 625년생으로 617년생인 원효보다 여덟 살 아래이다. 《삼국유사》에는 8년의 나이 차를 극복하고 의상 없이 원효 없고 원효 없이 의상 없다고 할 만큼 두 사람과 관련된 일화가 많다. 앞으로 차근차근 들여다볼 것이다.

일체유심조와
관련 기록들

원효와 일체유심조에 대해 제일 공신력을 인정받고 있는《송고승전》 (988)부터 살펴보자. 중요한 내용에는 원문도 함께 싣는다.

원효법사가 의상과 함께 당나라로 유학을 떠났다. 도중에 폭우를 만났다. 길 옆 토감土龕(토굴)에 몸을 숨겨 바람과 습기를 피했는데 다음날 아침에 보니 옛무덤 해골 옆이었다(土龕間隱身. 所以避飄濕焉, 迨乎明旦相視, 乃古墳骸骨旁也). 계속 비가 내려 또 하루 무덤에 머물렀다. 밤중에 갑자기 귀물이 나타나 놀라게 했다(夜之未央俄有鬼物爲怪).
원효가 탄식하여 말했다. 전날 밤에는 토굴이라 생각하여 편안하더니 오늘밤은 귀신 사는 곳에 의탁해 근심이 많도다(前之寓宿, 謂土龕而且安, 此夜留宵託鬼鄕而多崇). 그리고 오도송.

마음이 생김에 갖가지 것들이 생겨나고
마음이 사라짐에 토굴과 무덤이 둘이 아니로다

삼계가 오직 마음이요, 만법은 오직 식識일뿐

마음 밖에 법이 없으니 어찌 따로 구하리오

心生故 種種法生 心滅故 龕墳不二

三界唯心 萬法唯識 心外無法 胡用別求

나는 당나라에 가지 않겠소. 즉시 바랑을 메고 신라로 돌아가니 의상
혼자 외로이 죽어도 물러나지 않겠다 맹세하고 당나라로 갔다.

이것이 원효와 의상의 당나라 유학의 전말기이다. 988년에 쓴《송
고승전》보다 앞선 시기의《종경록》에는 어떻게 기록되었을까.

당나라로 왔다가 황폐한 '무덤 속'에서 잤는데 원효가 갈증으로 마침
그의 옆 고여 있는 물이 있어 손으로 움켜 마셨다. 맛이 좋았다. 다음
날 보니 시체 썩은 물이었다. 마음이 불편하고 토할 것 같았는데 활연
히 크게 깨달았다.

1107년에 간행된《임간록》에는 다음과 같이 써 있다.

언덕길을 가다가 '무덤 사이'에 자게 되었는데 갈증으로 굴속의 샘물
을 손으로 움켜 마셨다. 달고 시원하였다. 아침에 보니 해골이었다. 토
할 것 같았다고 하였다.

이상의 기록에서 7세기 원효의 일이 300년, 400년 지나는 사이 구전되며 윤색되어있는 모습이 보인다. '무덤, 무덤 사이, 무덤 속'으로 달라지고 '귀신, 시체 또는 해골에 고인 물'로 묘사되고 있지만 '해골 바가지'에 마시는 내용은 없다.

그 이후 깨닫는 '삼계유심三界唯心 만법유식萬法唯識'의 내용은 모두 같다. 우리가 익히 알고 있는 '일체유심조'와 상통하는 내용을 찾아보면 실차난타實叉難陀가 번역한 《80화엄경》〈야마천궁게찬품夜摩天宮偈讚品〉이 있다. 각림보살장覺林菩薩章 찬송게송讚頌偈頌중에 이런 사구게四句偈가 있다. 그 게송은 다음과 같다.

> 사람이 삼세 일체의 부처를 알고자 한다면
> 마땅히 법계의 본성을 관하라
> 모든 것은 오로지 마음이 지어내는 것이다
> 若人欲了知 三世一切佛 應觀法界性 一切唯心造

이 유심唯心은 원효의 일심一心 사상과 직결된다. 절대 진리인 참마음(眞如)와 중생의 마음(妄心)이 둘이 아닌 조화로운 전체로 보는 것이다. 주로 원효의 저술인 《대승기신론소》에서 일심을 이문二門·삼대三大·사신四信·오행五行으로 체계적으로 설명해 나가고 있다.

어려운 내용은 이쯤 해두기로 하고 이렇게 원효의 대표사상인 일심은 우리나라 불교철학의 중심을 이루고 일상생활 속에서 뿌리를 내려 '모든 것은 마음먹기 달렸다'는 말로 보편화되었다.

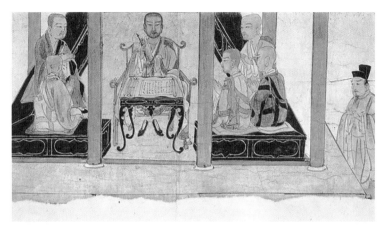

원효의 강론 모습(일본 교토 고산사 《화엄연기회권》)

우리 어머니도 어릴 때부터 내 귀에 못이 박히게 하시던 말씀이 바로 이 속담이다. 우리의 어머니들은 이러한 구전철학을 온몸으로 익히고 실천하며 살아왔다. 오랜 세월 남성 중심의 유교사회에서 제대로 교육을 받을 기회가 없었어도 결코 원효와 불교의 가르침은 잊혀지지 않았다.

원효의 '일체유심조'는 '뭐든지 마음먹기 달린 것'으로, '이것이 있으므로 저것이 있다'는 불교의 연기법은 '헌 것이 있어야 새 것이 있다'는 속담으로 나는 어머니께 배웠다. 어릴 때는 때때로 이해가 안되는 말이거나 이해하고 싶지 않은 말이기도 하였지만 지금 불교를 공부하면서 인생을 살아가며 어머니의 삶으로 녹인 지혜 속에서 문득문득 원효의 목소리를 만난다. 불교의 도리를 만난다.

이처럼 원효를 공부하며 우리가 왜 불교를 모를 때에도 급할 때에는 '나무아미타불 관세음보살'이 저절로 나오는지, 우리의 유전자 속에 흐르고 있는 음주가무飲酒歌舞의 흥과 신바람은 어디서 비롯된 것인지 배워 나가게 될 것이다.

원효는 이렇게 깨닫고 우리 앞에 부처로 섰다.

제 4 장

원효와 선지식 혜공과 대안

대안과 혜공
그리고 오어사를 찾아서

오어사吾魚寺 답사를 다녀왔다. 원효가 무애바가지를 들고 저자에서 무애무無碍舞를 추며 대중을 교화하게 된 원조 스님과 행적의 유래가 서려있는 절. 원효의 이야기 중 어쩌면 가장 재미있고 위트있는 선문답 놀이가 바로 오어사 이야기이다. 에헴 하며 폼잡지 않고 천진난만한 개구쟁이들처럼 천진불로 법거량을 하는 '언어의 춤판'이다.

　그곳에는 혜공惠空이 거처하며 원효보다 먼저 삼태기를 지고 저자에서 노래하고 춤을 추며 살았다는 이야기가 전해지고 있다. 우리가 원효의 전매특허라 여겼던 그 원류는 어찌 보면 혜공에게서 찾을 수 있을 듯하다. 그리고 원효의 이러한 대중교화에 동기를 부여한 또 한

오어사 현판

인물이 있었으니 그는 바로 대안大安이다. 대안 또한 백성들에게 괴
이한 옷차림을 하고 항상 저잣거리에서 구리 밥그릇을 두드리며 '대
안~ 대안~' 하여 이름이 그렇게 불려졌다고 한다. 대안은《법화경法
華經》에 나오는 신라의 '상불경常不輕 보살'이었음에 틀림없다. 그는 그
누구도 가벼이 여기지 않고 예경하며 부처가 될 것을 축원하였다(我
深敬汝等 不敢輕慢 所以者何 汝等 皆行菩薩道 當得作佛). 아마도 원효는 이들
의 교화 방법에 적잖이 영향을 받았음직하다.

　대안에 대하여《송고승전》에 다음과 같이 전하는 이야기가 있다.

　왕이 마구 뒤섞인 채로 신라에 들어온《금강삼매경》을 정리해달라고
　대안을 초청하자 그는 궁에 들어가지 않고 그 경을 자신에게 가지고
　오게 하였다. 경전의 순서를 맞춰 8품으로 정리하였고 이 경전은 원효
　만이 강의할 수 있다고 추천하여 원효가 이 경의 주석서인《금강삼매

경론》을 짓게 하였다고 한다.

그리하여 대안의 추천으로 원효가 쓴《금강삼매경론》이 탄생하게
된 것이다. 이 글에서 대안은 '대안성자大安聖者'로 기록되고 있는 점
이 중요하다. 구리 밥그릇이나 두드리고 '크게 편안하시오' 내지는 '안
녕하시기를'이라고 하루 종일 떠들고 다니는 사람에게 성자라는 이
름을 붙인 데에는 그만한 이유가 있었음을 이 작은 실마리에서 엿볼
수 있다.

혜공도 대안도 생몰연대가 미상이나 원효가 활동했던 7세기 중
반을 함께한 스님들이다. 분명한 것은 이러한 스승 내지 선배들의 모
습과 실천수행에 힘입어 원효는 자기만의 스타일로 정리해 일반 백
성들뿐 아니라 미천한 백정, 기생할 것 없이 함께 어울려 '부처'를 가
르치고 '나무아미타불'을 염불하게 했다는 것이다. 우리가 지금도 급
할 때면 나도 모르게 저절로 제일 먼저 입에 올리게 되는 이 염불은
그러므로 거슬러 올라가면 원효의 육성과 혜공, 대안의 모습을 함께
만나게 될지도 모른다.

근심을 풀어주는 우조
삼태기화상 혜공

이제 원효를 원효답게 만든 유명한 일화가 서린《삼국유사》제4권

오어사 전경

〈의해義解〉편에 '이혜동진'조 혜공의 이야기를 살펴보자.

혜공은 어려서는 천진공天眞公의 집에서 품팔이하던 노파의 아들로 우조憂助라고 이름하였다는데 이름에서 보여주듯이 남의 근심거리를 도와 없애는 특별한 능력이 엿보인다. 일연 스님의 《삼국유사》에는 이처럼 일화에 어울리는 이름들이 등장하기 일쑤이다. 어린 딸의 눈을 뜨게 하기 위해 광명을 희구하는 어미의 이름은 '희명希明이다. 어쩌면 일연은 이름조차 없었을 사람들의 아름다운 이야기에 걸맞는 이름을 붙여주는 작명가의 역할을 자처하였는지도 모르겠다.

어린 우조는 그렇게 천진공의 병을 낫게 하고 매사냥을 좋아한 천진공의 마음을 미리 읽어 말하기 전에 실행하는 모습을 보인다. 천진공이 나중에서야 우조를 성인으로 알아보고 무릎 꿇고 절을 하였다 한다. 이러한 영험과 이적이 드러나자 출가하여 혜공惠空이라 이름하고 항상 작은 절에 살며 매번 미치광이 행세를 하였는데, 크게 취하여서 삼태기를 지고 거리에서 노래하고 춤을 추곤 하였다. 그래서 사람들은 그를 부궤화상負簣和尙이라 불렀고 그가 머무는 절을 부개사夫蓋寺라 했으니, 우리말로 삼태기를 뜻한다.

혜공은 또 절의 우물 속으로 들어가면 몇 달씩 나오지 않았기 때문에 그의 이름을 따서 우물 이름도 지었다. 우물에서 나올 때마다 푸른 옷을 입은 신동이 먼저 솟아나와서, 절의 승려들은 이것으로 그가 나올 것을 미리 알 수 있었다. 혜공은 우물에서 나왔을 때도 옷이 전혀 젖지 않았다.

내가 눈 고기
오어사

그리고 원효의 일화가 전하는 오어사 유래가 된 이야기가 다음과 같이 전한다.

만년에는 항사사恒沙寺에 머물렀다. (지금의 영일현迎日縣 오어사吾魚寺인데, 세속에서는 항하사恒河沙처럼 많은 사람들이 승려가 되었기 때

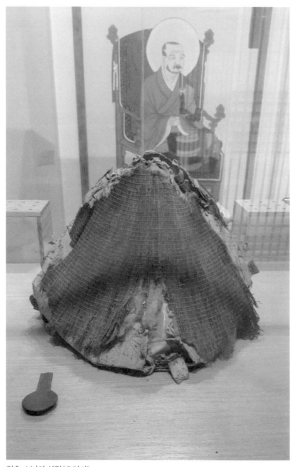

원효 스님의 삿갓(오어사)

문에 항사동恒沙洞이라고 하였다.) 당시에 원효가 여러 불경의 주석을 달면서 매번 혜공법사에게 가서 물었는데 혹 서로 장난을 치기도 하였다. 어느 날 두 스님이 시내를 따라가면서 물고기와 새우를 잡아먹고 돌 위에 대변을 보았는데 혜공이 그것을 가리키며 농담을 하였다.

"너는 똥을 누었구나. 나는 물고기를 누었건만(汝屎吾魚)."

그래서 오어사吾魚寺라고 하였다. 어떤 사람은 원효대사가 한 말이라고 하지만 잘못이다. 세간에서는 그 시내를 잘못 불러서 모의천芼矣川이라고 한다.

여기서 '여시오어汝屎吾魚'에 관한 해석은 분분하다. "네 똥은 내가 잡은 물고기다"(신태영), "그대가 눈 똥은 내가 잡은 물고기일게요"(이민수) 등등… 아마도 이 선문답은 자기가 공부한 깜냥만큼 해석되고 이해될 것이다. 어찌되었든 그리하여 이 절 이름은 '항사사'에서 '오어사'가 되었다. 오어사가 있는 시냇가 이름도 '오어천'이 될 듯 한 데 얼핏 들으면 경상도 말로 '모의천'으로 들렸던 모양인지 일연 스님은 이 발음을 바로 잡았다. 당시 고려시대 일연은 '항사사'를 설명하면서 '지금의 영일현 오어사'라고 고증하고 있다. 현재는 '포항시 오천읍 항사리 오어사'이다.

이 오어사 유래의 일화는 나이와 지위 고하를 떠나 훨씬 열려 자유로운 두 고승들의 거리낌 없는 모습을 눈앞에 보는 듯하다. 또한 장자莊子와 혜시惠施가 냇가의 물고기가 뛰노는 모습을 보고 물고기 감정에 대하여 서로 티격태격하는 일화가 연상되기도 한다. 장자는 그러한 친구 혜시가 죽자 자기의 말을 이해하고 그 경지를 함께 다투던 지음知音이 죽었다고 꺼이꺼이 울며 슬퍼한다. 중국의 장자와 혜시가 있었다면 신라엔 원효와 혜공이 있었다고 할 만하다.

| 원효의 선지식
| 혜공과 대안

그러므로 혜공과 대안은 원효의 스승으로 원효를 원효답게 만든 훌륭한 뗏목이었다. 원효는 나면서부터 알아(生而知之) 일정한 선생이 없었다고 하지만 그 말을 바꾸어 말하면 누구나 스승이 될 만하면 스승을 삼았다는 이야기가 될 수도 있다. 원효는 하늘에서 뚝 떨어져 지금까지 우리가 대단히 여기고 있는 원효가 된 것이 아니라 그 당시까지 전해진 모든 불교사상과 불교의 선지식들의 지혜를 체득하고 난 뒤에 신라 대중과 함께하는 명실상부한 신라불국토의 첫 부처 원효로 자리매김한 것이다.

심각하고 어렵고 고매한 이론으로 왕이나 귀족만의 전유물이었던 특권층 불교에서 벗어나 일체유심조 곧 일심의 원리를 알면 절로 흥이 나서 노래하며 어깨춤 추는 백성들의 불교를 창조한 것이다. 즐겁고 행복하고 희망이 생기는 새로운 불교.

그렇다면 원효는 혹시 심오한 불교이론을 현학적이라고 걷어치우

거나 심지어 잘 몰라서 또는 백성들이 잘 모를까봐 쉬운 방법을 택해 실천수행과 교화를 행했을까. 천만에 말씀이다. 원효는 세상에 존재하는 당시 모든 불교 이론을 자기 철학으로 회통시키고 교화에 뛰어들어 스스로 신라의 붓다로 자처한 것이다. 그렇기에 그가 위대하고 지금까지 우리 곁에 살아 숨쉬고 있다고 생각한다. 이 세상 불교의 가르침을 꼭대기까지 섭수한 후 가장 낮은 곳으로 내려와 진정한 신라불교의 첫새벽을 알린 부처인 것이다.

이러한 내용의 《삼국유사》 공부를 하고 회원들과 함께 그 아름다운 일화와 유래가 서려있는 오어사에 찾아갔지만 오어천이나 모의천은 간 곳 없고 커다란 저수지가 본때없이 오어사 입구에 버티고 있었다. 개발을 위한 저수지 공사에 삼국유사의 기록은 이토록 가차없이 잘려나갔다. 오로지 볼만 했던 건 물고기가 살아 움직이는 듯한 해강 김규진(1869-1933)의 현판 '오어사' 캘리그라피와 법고를 놓았던 법고대좌, 그리고 대웅전 꽃창살… 세월의 무상함과 역사의 향기를 수몰시켜 버린 개발의 현장만이 아쉽고 아쉬웠다. 바라건대 오어사 스님들께서는 《삼국유사》 속에서 활기차게 살아 움직이던 모습을 떠올리며 찾아왔을 후손들을 위하여 혜공과 원효가 물고기 잡으며 노닐었던 너럭바위 정도라도 운치있게 놓아줬으면 한다.

아쉬운대로 오어사의 현판이 대신 춤을 추며 우리를 반겨주고 있었다. 물고기가 되어 펄떡거리는 글자로 태어난 오어사. 해강 김규진은 '해인사, 송광사' 편액 등 우리나라 사찰에 그의 글씨가 남아있다. 그는 알고 있었던 것이다. 두 천진불이 항하사 냇가 너럭바위에 앉아 흥겹게 지혜의 춤이 너울너울 오고가 오어사가 되었음을….

제 5 장

원효와 의상의 낙산 관음보살 친견 이야기

원효와 의상은 바늘과 실처럼 항상 따라다니는 신라의 대표적인 불교 간판스타 스님이다. 원효는 617년생, 의상은 625년생으로 원효가 의상보다 여덟 살이 많다. 의좋은 형제처럼 이 두 사람은 당나라 유학도 11년에 걸쳐 두 번의 동행을 결행한다. 그리하여 의상은 당나라를 가고 원효는 신라로 돌아와 자기의 자리에서 지금의 한국불교 토대를 마련하였다. 원효는 이와 같이 도반이나 선지식과 듀엣으로 출연하여 서로를 빛나게 하는 춤을 추곤 한다. 그러니까 이 춤은 각자의 자리에서 교감하고 호흡을 맞춰 하나의 완성작을 이루는 '따로 또 같이' 춤이라 할까. 서로 하나가 되어 춤추는 블루스나 탱고는 절대 아니지만 추구하는 학문에 대한 열정만큼은 그것을 뛰어넘는 탈춤 한마당.

다섯 번째 원효 이야기는 사실 《삼국유사》의 네 번째에 들어가야

하는 순서인데 의상이 여섯 번째에도 이어져 순서를 바꾸었다. '낙산이대성洛山二大聖'은 낙산洛山에 사는 두 성인의 이야기인데 '관음보살觀音菩薩'과 '정취보살正趣菩薩'을 의미한다. 여기서는 원효와 의상이 관음을 친견하는 극과 극의 첫 번째 이야기인 관음보살 친견 배틀에 주목하고자 한다. 의상과 원효가 듀오를 이루어 출연하는 내용 중 백미를 이룰 만하기 때문이다.

부리부리 원효스님
선비같은 의상스님

일본 교토 고산사에 가면 원효와 의상의 진영이 그려져 있는《화엄연기회권》이 있다. 여기서도 두 스님의 모습은 극과 극이다. 원효는 구릿빛 얼굴에 수염을 기른 호방한 모습임에 비하여 의상은 진골 귀족 출신의 희고 고상한 이미지를 지니고 있다.

이 그림은 신라의 모본母本을 일본에서 모사했을 것이라 추정하고 있는데 두 인물의 대비가 아주 잘 드러나 있는 진영이다. 현재 우리나라에 있는 원효의 여러 모습은 19, 20세기에 그려진 상상도이므로 최근 이 고산사 진영이 본래 모습에 가깝다고 보는 것이 일반적이다.

앞서 원효와 의상은 11년에 걸쳐 두 번 당나라 유학 도반으로 등장하였다. 11년이라는 시간… 나는 과연 누군가와 11년 동안 한 목

원효와 의상(일본 교토 고산사 《화엄연기회권》)

표를 세운 적이 있던가. 아니면 이렇게 인생의 장기 계획을 오래 품고 실행해 본 경험이 있던가. 게다가 8년의 나이 차이와 출생 신분, 살아온 경험치를 극복하고 오직 한 마음 11년 동안 쭉 하나의 목표를 지향하는 지기지우의 삶. 참으로 부러운 장면이다. 그렇기에 당나라와 신라로 쿨하게 인생 행로가 달라졌어도 지금의 '원효'와 '의상'이라는 네임밸류가 생기게 된 원천이 된 것은 아닐지.

'일체유심조'라는 말을 남기고 돌아온 원효와 당나라로 유학 간

의상의 그 후 행적은 어떻게 되었을까. 두 스님의 그 이후 이야기가 관세음보살 친견으로 펼쳐진다. 관음을 친견하는 이 대목에서는 원효가 아닌 의상의 일방적인 원win으로 보이는데 그렇다면 일연은 왜 그렇게 썼을까. 그 의도를 헤아려보는 것도 재미있는 공부가 될 것 같다.

초중고 시절의 공부가 정답과 모범답안 하나를 찾고 외우는 공부라고 한다면 그 이후에는 '과연 그럴까, 왜 그럴까' 마음에 물음표를 찍는 공부가 되어야 할 것이다. 법정 스님의 법문 중에 "네가 묻는 질문의 답은 언제나 네 안에 있다"고 한 인상적인 구절이 있다. 이 글에서 그 답을 찾아보는 시간이 될 수 있으면 좋겠다.

당나라 유학 후
의상의 낙산 관음보살 친견기

《삼국유사》 낙산 관음 이야기에는 먼저 의상의 이야기가 펼쳐진다. 의상이 10년 화엄 공부를 마치고 당나라 유학에서 돌아온 문무왕 10년(670), 낙산에 관음보살이 산다는 이야기를 듣고 친견하러 떠난다. 인도의 관음이 산다는 '보타낙가산寶陀洛伽山'의 줄임말로 낙산이 되었다는 설명과 함께 7일 재계 후 팔부신중의 안내를 받는다. 그 다음 동해 용왕의 여의주까지 얻어 순풍에 돛단 듯 7일을 다시 재계한 후 드디어 의상은 관음을 친견한다.

곧 수행정진 2×7일 14일 만의 친견이다. 게다가 관음은 친절히 만파식적萬波息笛처럼 한 쌍의 대나무가 나올 것이라 예언한다. 그 자리에 금당을 마련하고 관음상을 안치하니 지금의 낙산사洛山寺가 창건된 유래이다.

여기서 첫 번째 코드로 나오는 낙산사 한 쌍의 대나무 이야기는 30대 문무왕文武王 때 생긴 일인데 모든 우환을 잠재우는 만파식적은 그 아들 31대 신문왕神文王 때 얻게 되니 이 또한 예사롭지 않다. 7세기 신라에서 대나무의 상징은 무엇을 의미하는 것일까. 낙산사에서는 관음사상의 상징으로, 만파식적에서는 호국사상이 부각되지만 모두 바다와 용을 배경으로 하는 점에서는 같다. 그에 앞서는 미추왕味鄒王과 댓잎군대가 이서국을 물리치는 이야기까지 곁들이면 신라인과 대나무에 얽힌 썩 음미할 만한 주제가 될 것이다.

다시 낙산사 이야기로 돌아와 그 전후 맥락을 보충해주는 홍련암紅蓮庵 이야기가 《낙산사기洛山寺記》에 실려있다. 홍련암은 672년(문무왕12) 의상이 관음보살의 진신을 친견하고 대나무가 솟아난 곳에 지었다고 전해진다. 일설에는 의상이 이곳을 참배할 때 파랑새를 만나 새가 석굴 속으로 자취를 감추자 이상히 여겨 굴 앞에서 밤낮으로 7일 동안 기도를 하니 바다 위에 홍련이 솟아 그 가운데 관음보살이 나타났다는 것이다. 《삼국유사》에서 포괄적으로 낙산사의 이야기를 했다면 여기서는 구체적으로 홍련암의 유래를 밝히고 있다. 그리고 관음의 전령 내지 현신으로 원효의 일화에서처럼 파랑새가 등장하고 있다. 또 바닷가 암석굴 위에 자리 잡은 홍련암의 법당 마루 밑을 통하여 출렁이는 바닷물을 볼 수 있는데 이것은 의상에게 여의주如意珠를 바친 용이 불법을 들을 수 있도록 한 것이라 전한다.

이와 비슷한 구조를 가진 감은사感恩寺의 법당 이야기가 떠오른다. 죽어서 용이 된 문무왕이 출입할 수 있도록 법당 밑에 바닷물이 통하도록 하였다는 점에서 역시 문무·신문왕 부자와 관련된 이야기가 일치한다. 한 쌍의 대나무 이야기와 함께 바다의 용이 관련된 이야기, 앞으로 우리가 풀어나가야 할 두 번째 히든 코드이다. 그리하여 요컨대 의상은 낙산사에 관음을 모시고 여의주를 봉안한 후 여유롭게 떠났다는 이야기.

원효의 낙산 관음보살
친견 실패담

그 소식을 들은 원효, 뒤질세라 관음께 예를 올리겠다고 낙산으로 떠난다. 왠지 흥부의 제비 이야기를 듣고 따라하는 놀부 심보의 기운이 느껴지지 않는가. 예감은 적중했으니 한적한 들판에서 벼 베는 여인을 희롱하지 않나, 개짐 빨래하는 여인에게 물 달라고 수작을 걸지 않나. 하는 짓마다 놀부 뺨칠 일. 여인들도 만만치 않았으니 벼는 영글지 않았다고 거절당하고 물은 빨래했던 지저분한 물을 아낌없이 퍼준다. 아연실색한 원효는 그 물을 버리고 결국 자기가 따로 떠마시고 떠난다. 이때 기다렸다는 듯 소나무에 앉아있다 나타난 파랑새, "맙소사, 제호醍醐를 마다한 화상아(休醍醐和尙)" 일갈하고 사라지니 문득 그 소나무 아래 떨어져 있는 짚신 한 짝.

뻔히 보이는 이 많은 수상한 다빈치 코드에도 아랑곳없이 헛똑똑이 컨셉으로 낙산사에 도착한 원효. 그때 관음보살상 밑에 있는 아까 본 짚신 한 짝. '아뿔싸 그 여인들이 관음의 현신이었구나.' 그리하여 그 소나무는 관음송觀音松이라 불리게 되었다는 일화를 추가한다. 의상이 친견했다는 바닷가 바위굴로 관음을 예경하러 가는 원효. 결과는 혹시나 했지만 역시나. 풍랑이 일어 결국 관음구경도 못한 채 허탕치고 돌아갔다는 쓸쓸한 이야기.

이 이야기를 읽고 다시 고산사의 원효 진영을 찬찬히 들여다보면 왠지 부리부리한 눈매에서 장난기 넘치는 원효의 표정이 스치는 것 같다. 한편 관음을 친견하고야만 한 치의 흐트러짐 없이 정갈한 의상에게는 무언가 모범답안이 연상되는 모범생의 이미지가 떠오른다. 흡사 짓궂은 개구쟁이 형과 선비 같고 얌전한 동생 같달까. 형은 동생의 착실함이 미덥고 동생은 형의 호방하고 씩씩한 사나이다움에 존경심이 우러나는 우애를 느꼈을지 모른다. 일연은 어쩌면 신라 당대를 대표하는 두 스님에게도 이러한 인간미 넘치는 면면을 낙산사 관음친견 해프닝으로 그리고 싶었던 것은 아니었을까. 회통불교의 거목 원효, 화엄종의 창시자 의상이라는 견고하고 위대한 인물 속에는 때때로 이렇게 허탕도 치고 실수도 연발하는 말랑말랑하고 따뜻한 피

흐르는 나와 같은 범부의 모습도 있었다고…. 그러기에 우리도 언젠가는 부처처럼, 원효처럼, 의상처럼을 꿈꾸며 살 수 있는 것이라고.

원효가 꿈꾸는 세상은 어디에도 걸림 없이 노래하고 춤추는 행복한 불국토였다. 부처에 귀의하고 나무아미타불을 노래하면 그 순간만큼은 걱정근심 사라지고 자비로운 관세음보살의 품속에서 아이처럼 천진난만해지는 시공간. 부처와 중생이 둘이 아니고 깨끗하고 더러운 것도 둘이 아닌 진리를 몸소 무애무를 추듯 보여주었는지도 모른다.

제 6 장

원효의 반쪽 부절, 의상 이야기

환상의 콤비 원효와 의상
그리고 한국과 일본의 유물

일본에 답사차 가서 《좀머씨 이야기》 주인공처럼 걷고 또 걸었다. 신기하게도 《삼국유사》의 흔적이 알알이 박혀 있었다. 알지 못했던 일본 불교 자취가 아는 만큼 보이기 시작했다. 때로 은하수처럼 펼쳐지고 점점이 흩뿌려져 있기도 하였다. 그동안 불교경전을 읽으며 장엄구인 보관寶冠, 영락瓔珞, 번幡, 개蓋, 당幢 등의 구체적인 모습이 궁금했었다. 우리나라 절에서는 쉽게 찾아 볼 수 없는 것들이 일본 절에서는 제대로 갖추어진 모습으로 쉽게 볼 수 있었다.

아미타불의 협시보살脇侍菩薩로 우리는 먼저 관세음보살觀世音菩薩만 떠올리기 십상이다. '나무 아미타불 관세음보살'이 하나의 주문처

일본 아스카사의 세지보살상

일본 귤사橘寺의 부동명왕상

럼 관용구처럼 전해져 내려오기 때문이라 생각된다. 그래서 대세지
보살大勢至菩薩은 얼핏 우리나라 절에서 흔히 보기도 바로 떠올리기
도 쉽지 않은 보살처럼 느껴진다. 일본에서는 대세지, 세지보살이 흔
하고 흔하였다. 특히 나라 아스카사(飛鳥寺)에 있는 작고 아담한 세지
보살은 보관 장엄과 영락 하나하나가 섬세하게 남아있었다. 8부신중
의 모습도 교토 33간당에 완벽하게 보존돼 있었고, 그중에서도 쇼토
쿠태자(聖德太子)가 태어났다는 다치바나절(橘寺)을 비롯하여 여러 절
에서 우리에게는 낯설었던 오른손에 칼 왼손에 오랏줄을 쥐고 있는
밀교의 부동명왕不動明王을 실컷 볼 수 있었다.

　이것은 무엇을 의미하는가. 마치 한 쌍의 부절符節처럼 한국과 일
본의 불교 유물을 맞대어야 하나의 완전체가 된다는 것이다. 일본
교토 난젠지(南禪寺)에 보존되고 있는 고려 초조대장경 인본이 우리
나라에 남아있는 부분과 거의 겹치지 않고 남아있어 둘을 합쳐 전
체 모습의 초조대장경을 되살린 것처럼. 그런 것을 보면 볼수록 한일
불교문화 역학관계 오묘하다.

교토 고산사의
원효와 의상

일연 스님(1206-1289)과 동시대에 활동한 일본 교토 고산사의 명혜明

惠(묘에, 1173-1232) 스님이 있다. 마치 의상과 원효의 관계 같다. 이 명혜 스님이 의상과 원효를 한자리에 모셔서 진영을 그리고 화엄종의 종조로 추앙하여 그것이 국보로 내려오는 절, 고산사.

　오랫동안 가보고 싶었다. 그리워하다 드디어 그 절에 갔다. 준비도 많이 했다. 일본유학파이신 통도사 율주 혜남 스님께서 추천편지를 고산사로 직접 보내셨다. 오사카한국문화원의 도움도 받아 사전에 고산사 연결과 교통편 정보 등 많은 준비를 해주었다. 그러나 고산사에서 국보를 간수하기 어려워 교토박물관에 맡겼다는 회신, 하여 또 한국문화원에서는 교토박물관에서 볼 수 있도록 주선을 해주었다. 그 결과 수장고에 있어 안 된다는 통보. 그 대신 그해 2016년 10월에

명혜明惠 스님(교토 고산사)

큐슈박물관 특별전시가 있다는 정보를 전해주었다. 고산사에서 진품에 가까운 모사본을 보여주는 것으로 일단락. 출발 전날 그 모사본마저 안 된다는 한국문화원의 연락.

　유홍준《나의 문화유산 답사기》'교토'편에서 한국 사람이 관심 가지는 일본의 유물을 필사적으로 보여주지 않고 사진도 찍지 못하게 하는 느낌을 받는다는 이야기를 돌아와서 읽었다. 백배 공감. 요즘 유럽 어느 박물관, 미술관을 막론하고 디지털카메라로 바뀐 후 사진을 찍지 못하게 하는 곳은 없다. 심지어 그림엽서 살 돈을 아끼려 내가 내 구도로 찍는 경우도 많다. 그런데 일본은 이런 면에서 고

답적이다. 그럼에도 불구하고 두 분이 모셔진 고산사 자체와 그들을 모셨던 명혜 스님을 만나러 갔다. 이 또한 원효·의상의 일본에서의 위상을 알게 하는 가치있는 일. 재일학자 김임중은 다음과 같이 설명하고 있다.

묘에(明惠)는 일본불교사에 있어서 가장 엄격하게 계율을 지킨 '성승聖僧'이라고 평가 받고 있는 가마쿠라(鎌倉) 시대(1185-1333) 전기(1206)의 화엄승이지만, 오백년이라는 시간과 공간을 초월하여 7세기 신라의 고승 원효와 의상을 매우 추앙하고 있었다.

교토의 고산사高山寺에 전래하는 《화엄연기회권華嚴緣起繪卷》(국보)은 신라의 원효와 의상이라는 두 사람의 전기와 설화를 소재로 한 것으로 묘에가 제자인 죠닌(成忍)이란 화승에게 명하여 만들게 했다고 하는 에마키(繪卷, 두루마리 그림)이다. 화엄종의 종조라고 한다면 중국의 지엄智儼이나 법장法藏을 그린다든가, 아니면 일본 화엄종의 개조開祖인 신죠(審祥)나 로벤(良弁)을 그리게 하면 될 텐데, 왜 묘에는 신라의 원효와 의상의 행장을 그리게 한 것일까. 그것은 원효와 의상에 대해서 한없는 존경과 흠모의 마음을 품고, 두 사람의 이름을 빌어서 묘에 자신의 사상이나 체험을 전하기 위해서였다고 생각한다. 즉 시대가 흐름에 따라 점점 쇠퇴해 가는 화엄교학의 부흥을 위하여 신라의 고승 원효와 의상의 전기와 설화를 문학화, 회화화하여 신자들에게 알기 쉽게 설법할 필요가 있었을 것이다. 〈김임중, 일본 메이지대학(明治大學), 淵民學志, 第22輯(2014)〉

아주 특별한
의상

이제 원효를 잘 알기 위한 또 하나의 인물 의상을 이야기하는 순서이다. 원효의 영원한 도반이자 맞수 의상 스님의 이야기는《삼국유사》와《송고승전》을 중심으로 풀어가려 한다. 그 의상의 생애를 자세히 알려주는 자료가 교토 고산사《화엄연기회권》에 묘사되어 있다.

의상대사에게는 뭔가 특별한 것이 있다. 의상에게 가 닿기만 하면 의상에게 걸맞는 대단한 사람이 되는 것이다.《삼국유사》에는 의상에 관련된 내용이 자주 나오는 편이다. 흥륜사에 금당 십성이 모셔져 있는데 그중 의상이 아도·이차돈(염촉)과 함께 동쪽에 안치된 이야기, '전후소장사리조'에 중국 화엄 2조 지상사 지엄선사와 함께 도선율사에게 공양을 받는 이야기도 흥미진진하다.

낙산에 관음보살을 친견하고 낙산사를 짓는 유래가 담긴 '낙산이대성' 이야기와 원효와 당나라 유학을 떠나던 이야기가 담긴 '의상전교義湘傳敎'도 유명한 이야기이다. 무엇보다《추동기錐洞記》의 저자 지통智通(655-?)의 이야기가 나오는 '낭지승운, 보현수조'와 '진정사眞定師 효선쌍미조孝善雙美條'의 주인공 진정眞定은 의상의 십대 제자들로 걸출한 의상 스님의 학문 세계를 대변해준다. 그리고 부석사를 짓게 된 유래의 주인공 선묘낭자의 사랑과 불심 또한 십대 제자를 뛰어넘는 스토리텔링이다. 이 이야기는《삼국유사》에 전하지 않고《송고승

선묘와 의상의 만남(일본 교토 고산사 《화엄연기회권》)

일본 고산사 선묘낭자 조각상

전》에 전한다. 또 일본 교토 고산사에도 전해져 지금도 살아 숨 쉬는 듯한 의상과 선묘의 진영과 조각이 국보로 대우받고 있다.

고산사에 전해지는 의상과
첫 수제자 선묘

이렇게 한국·중국·일본에 공히 그 명성이 자자한 의상 스님, 그는 과연 어떤 인물이었을까. 우리나라의 진영을 모본으로 하여 그려졌을 것이라 추측하는 고산사의 의상 스님 진영을 찬찬히 바라본다. 흰 얼굴 후덕한 모습이다. 조선 영조 때 그려졌다는 우리나라 범어사의 진영도 얼굴이 흰 편이다. 부처님의 후신이자 성인으로 추앙받고 그의 제자들도 아성亞聖으로 칭송되었을 만큼 그의 감화는 크나크다. 그러한 그에게 십대 제자보다 먼저 제자가 된 선묘아가씨. 그녀가 있어 그의 인생을 더욱 풍성하게 해준다. 자칫 짝사랑 연정이나 선덕여왕을 사랑하다 불귀신이 되고 만 지귀志鬼처럼 비극적으로 끝났을 세간의 이야기가 불심으로 승화된 사랑이야기 한 편이 고산사와 그 근처 선묘니사善妙尼寺에 흐르고 있다.

의상은 화엄종의 교조이다. 《삼국유사》에 아버지는 김한신金韓信이고 29세에 황복사皇福寺에서 출가하였다고 하나 〈부석사비〉에 전하는 19세 출가설이 더 설득력이 있다. 650년 원효와 함께 당나라 불교 유학차 요동으로 갔다가 첩자로 몰려 수십 일 만에 풀려난 후 11년만인 661년에 드디어 유학을 다시 떠난다. 한번 마음먹은 것은 끝까지 이루어내는 집념의 사나이 의상.

이렇게 중국 당나라에 어렵사리 첫 발을 딛자마자 배멀미로 탈진한 의상을 도와줄 우리의 주인공 선묘낭자가 등장한다. 양주의 주장인 유지인의 집에 도착해 머물게 되는데 그의 딸 선묘낭자 또한 절세가인. 선남선녀가 만났으니 러브 라인은 자연의 이치일 터. 선묘는 한눈에 의상을 흠모하게 된다. 그러나 의상은 출가한 스님, 더욱이 어떻게 온 유학인가. 파도가 아무리 몰아쳐도 뭍처럼 꿈쩍않는 의상을 위해 선묘는 마침내 더 큰 사랑을 결심한다.

이 생에서 맺지 못할 남녀간의 결합에 연연할 것이 아니라, 세세생생 스님께 귀의해 대승을 배우고 불도를 이루겠다고 서원한다. 의상의 불제자로서 의상이 대업을 이루도록 공양을 올리고 공부와 교화, 불사를 성취하는 데 전심전력할 것을 발원한다. 이 또한 의상의 교화로 이루어진 결과이다. 이 대목은 《석보상절釋譜詳節》의 '선혜善慧'와 '구이俱夷'의 만남을 연상시킨다. 연등불을 맞이하기 위해 구이의 꽃을 얻으려하던 선혜에게 구이는 세세생생 선혜의 부인이 되는 조건으로 꽃을 건네 후생에 석가모니와 야수다라라는 부부의 연으로 만나게 되지 않던가.

의상은 그 후 화엄종 2조 지엄에게 8년 동안 화엄을 공부하는데 이때 종남산終南山 율종律宗의 개조인 도선율사道宣律師와도 교유한다. 그리고 중국화엄의 3조인 현수법장賢首法藏과는 귀국 후에도 수

십 년 동안 교유를 맺는다. 10년 공부 후 671년 의상이 신라로 귀국하는 길에 그동안의 보시공덕에 사례하기 위해 다시 선묘의 집을 찾아 간다. 과연 인사차 방문만이 목적이었을까. 그 지방 수장의 딸이자 꽃답게 아리따운 선묘낭자에 대한 마음은 전혀 없었던 것일까. 선묘의 조각상을 보면 당나라의 후덕한 양귀비를 연상시키는데 당시 기준에 부합하는 미인의 모습이다.

그러나 선묘를 애닯게 하기로 작정한 듯 야속한 의상, 선묘가 의상 스님을 위해 준비한 옷과 집기들을 가지고 의상이 탄 배로 달려갔을 때 아뿔싸 배는 떠나가고 있었다. 그 간절함과 의상에 대한 귀명으로 그녀는 일심으로 염원한다. '원컨대 제가 서원했던 대로 이 공양물이 저 배에 닿게 하여지이다.' 그러자 질풍이 불어 그것을 새 털처럼 가볍게 배에 안착시키는 것이 아닌가. 그 결과에 놀란 선묘 더 큰 발원 다시 한번, '원컨대 이 몸이 큰 용이 되어지이다' 하고 바다로 몸을 던지니 과연 용이 되어 그 배를 이끌고 신라에 안착하였다는 이야기. 지성이면 감천이라는 말이 눈앞에 펼쳐지는 순간이다. 누군가를 위해 이토록 전심전력 사랑할 수 있다면 종교도 천지자연도 그에 감응하고 감동한다는 놀라운 이적. 안도현의 시, 〈연탄재〉만큼 뜨거운 사람조차 되어본 적 없는 현대인들에게는 아득한 이야기.

귀국한 의상은 화엄을 펼칠 터를 찾는데 하필 500명이나 무리 짓고 사는 이교도들의 거처가 안성맞춤. 그러자 용이 된 선묘가 의상을 호위하고 있음을 알고 있는 신이 큰 바위로 변해 그들의 머리 위 공중에 떠서 겁을 주자 달아나 절을 짓게 되었다. 그리하여 허공에

'뜬 바위 절, 부석사浮石寺'라 이름하였다. 의상은 여기서 화엄을 펼쳐 제자들이 구름처럼 모여들고 그중에서 십대 제자를 두게 되었다.

의상의 화엄강설과
십대 제자

의상대사의 십대 제자는 오진悟眞, 지통智通, 표훈表訓, 진정眞定, 진장眞藏, 도융道融, 양원良圓, 상원相源, 능인能仁, 의적義寂 등이다. 지위고하를 가리지 않은 제자들의 면면들도 이채롭다. 이중에서 진정은 홀어머니를 두고 남은 쌀을 모두 주먹밥을 만들어 의상을 만나러 간다. 3년 후 필경 걸식을 하다 죽었을 어머니의 부음에 진정은 일주일 동안 그 슬픔을 선정에 드는 수행으로 다스린다. 그것을 들은 의상 스님은 소백산 추동錐洞, 송곳골로 들어가 90일 동안《화엄경》을 강설했는데 그때 지통이 노트한 것이《추동기》라는 것이다.

그 지통의 출신은 이량공의 종이었다가 일곱 살에 낭지화상朗智和尙에게 출가했다고 전한다. 제자 표훈은 불국사를 지은 김대성에게 화엄을 가르치고, 오진은 안동 골암사에서 밤마다 팔을 뻗어 부석사의 등불을 켰다고 한다. 또《삼국유사》에는 기록되지 않았지만 도신道身 또한 의상의 강의를 기록한《도신장道身章》을 남긴 제자였다. 각자의 자리에서 각자의 근기대로 의상을 스승으로 빛낸 제자들은 이렇게만 보아도 최소 선묘, 도신 포함 12명이다.

의상은 그 후 화엄십찰華嚴十刹을 이루고 《화엄경》을 위시해 《법계도法界圖》, 《백화도량발원문白花道場發願文》, 《화엄경탐현기華嚴經探玄記》 등을 강설해 해동화엄海東華嚴의 초조初祖로 불리게 되었다. 그리고 선묘는 부석사 무량수전無量壽殿과 석등 사이에 석룡으로 화하여 묻혀있다. 이 전설 같은 사실은 실제 2001년 부석사 무량수전 지하 탐사 결과 13미터의 석룡의 모습으로 발견되어 화제가 되었다.

사람이 사람을 사랑한다는 일. 이 생에서 또 세간에서 둘이 마음이 맞아 결실을 이루는 일 또한 지난한 만큼 행복한 일이지만, 한 사람을 바라보며 세세생생 만나기를 서원하고 출세간의 법을 향해 망설임 없이 투신하는 선묘낭자의 큰 사랑은 속인으로서 가늠할 길 없다. 그럼에도 불구하고 우리도 이 시절 눈 밝혀 나만의 의상과 선묘를 찾아내 이생을 세세생생처럼 사랑할 수 있기를…. 이 서원이 가능한 것은 의상대사의 가르침대로 우리는 모두 오척의 몸을 가진 부처 오체불五體佛인 까닭이다.

이처럼 의상없이 원효없고 원효없이 의상을 논할 수 없을만큼 각자의 자리에서 우뚝한 도반이자 서로의 롤모델인 시절인연을 동시대에 서로 만날 수 있다는 것이 놀랍고 신기하다. 어쩌면 의상은 책을 달리하여 써야할 또 하나의 신라 7세기의 대표 인물이다. 나의 전모를 가장 잘 드러나게 해주는 마치 거푸집같은 역할을 해주는 도반이 있다는 것, 그것이 원효를 원효답게 하고 의상을 의상답게 하였음을 나는 믿는다.

제 7 장

사복과 원효가 동행한 연화장 세계

서라벌 만선북리萬善北里라는 마을에 사는 사복蛇福의 어머니는 과부였는데 아버지 없이 사복을 낳았다고 한다. 게다가 그렇게 루머와 질시를 무릅쓰고 낳은 아들은 열두 살이 되도록 걷지도 못하고 배밀이로 겨우 기어 다니는 아들이었다. 그리하여 그의 이름은 사동蛇童, 사복蛇卜, 사파蛇巴, 사복蛇伏이라 불렸는데 모두 뱀아이(蛇童)라는 뜻이었다고 한다.

남편 없이 낳았다는 사복, 무엇을 의미하는 것일까. 백제 서동의 어머니처럼 잠룡과 통하였다는 것일까, 예수의 어머니처럼 신의 계시를 받은 것일까. 그러니 이 비범한 태생과 정상적이지 못한 12년, 그후 원효와 법거량 할 정도의 아들이 되기까지 이 모자가 범부들의 세상에서 겪었던 고초는 어떠했을까. 그 어머니의 삶에 초점을 맞추어 《삼국유사, 여인과 걷다》에 글을 쓴 적이 있다. 그 내용에 덧붙여 원효와 사복의 이야기를 이어나가 보자.

사복과 원효
고선사에서 만나다

어느 날 사복의 어머니가 죽었다. 그때 고선사高仙寺에 살고 있던 원효를 멀쩡해진 사복이 찾아왔다. 원효는 사복을 보고 맞이하여 예를 올렸지만 사복은 답례도 없이 말하였다.

"그대와 내가 옛날에 불경을 싣고 다니던 암소가 지금 죽었소. 함께 장사 지내는 것이 어떻겠소?"

원효는 대답한다.

"좋습니다."

원효가 오히려 공손하고 사복은 연장자나 윗사람처럼 무람없이 대하는 태도를 보인다. 의아하겠지만 대화의 내용대로라면 사복과 원효는 전생부터 알고 있는 사이이다.

사복의 말에 따르면 어머니는 전생에 사복과 원효의 불경을 실었던 암소였다는 것이다. 여기서 누군가는 사복의 당당한 태도를 주목하여 《금강삼매경론》의 차례를 꿰어 맞추던 원효의 스승 대안대사의 후신이라는 이야기, 원효가 그 차례를 맞춘 《금강삼매경》의 논소

를 소타고 지었다고 하는 이야기에서 그때의 소가 사복 어머니의 전생이라고도 한다. 그러나 《삼국유사》에 나타나는 사복의 당당한 태도와 말투는 거의 동료나 원효의 윗사람 이상이다. 원효가 사복에게 예를 갖추니 사복은 답배조차 없으니 말이다.

한편 이규보李奎報(1168-1241)의 《동국이상국집東國李相國集》권23 '남행월일기南行月日記'에 따르면 이 서열과 반대되는 이야기가 전하고 있다. 부안 내소사來蘇寺에 원효의 진영이 모셔져 있고 원효방 옆에 사복성인의 암자도 있는데, 그때 사복이 원효를 시봉하며 차를 달여 공양했다고 하니 여기서는 사복이 원효의 제자로 등장하고 있다. 높고 낮음없는 그들의 경지를 어찌 가늠하리오만 이 두 스님의 절친함만큼은 분명해 보인다.

흥륜사 금당십성의
사복과 원효

사복은 한번 더 《삼국유사》에 기록을 남기는데 흥륜사 금당 십성에 이름을 올린다. 신라 십대 성인의 반열에 드는 것은 물론 그것도 바로 서쪽 벽 원효 앞자리의 서열이다.

> 동쪽 벽에 앉아서 서쪽으로 향한 니상泥像은 아도我道·염촉厭觸·혜숙惠宿·안함安含·의상義湘이다.
> 서쪽 벽에 앉아서 동쪽을 향한 니상은 표훈表訓·사파蛇巴·원효元曉·혜공惠空·자장慈藏이다.

《삼국유사》속 여인들은 사복의 어머니처럼 기록이 거의 단편적이다. 어떻게 과부의 몸으로 사복을 임신하고 그렇게 낳은 자식이 뱀처럼 배밀이를 하며 지내는 12년을 살아냈을까. 아마 어미로서 할수 있는 모든 방편을 다 하였을 것이다. 보통의 부모라면 제 아이가 비범하게 태어나 점점 평범해지는 것만 같아 마음이 쓰이는 경험이 있을 것이다. 천재라고 생각했던 아이가 보통으로 변하는 것도 안타까운 노릇인데 하물며 복합적인 지체장애로 사는 것을 지켜보고만 있을 어머니는 이 세상에 없을 것이다.

  그간의 사정은 《삼국유사》에서 당연히 이하 생략이다. 세간에서는 '여성은 약하나 어머니는 강하다, 엄마는 힘이 세다' 등 여러 가지

말들을 한다. 사복의 어머니도 그러하였을 것이다. 남들이 과부 자식, 아비 없이 낳은 자식, 또 벙어리에 뱀보라고 놀렸을지라도 홀홀단신 그녀에게는 하늘이 내린 둘도 없는 유일한 보람이자 의지처였을 것이다. 21세기에 살아도 녹록치 않았을 그 어머니의 눈물과 한숨, 끊임없이 정성을 쏟아 신라의 십대 성인으로 성장시킨 그의 모습이 눈에 선하다.

사복 모자의 12년 긴 세월에 대하여 김상현 교수는 12연기에 비견하기도 한다. '무명無明에서 생生·노사老死로 이어지는 번뇌와 고苦에 대한 인과관계를 상징한다는 것이다. 흔히 인생을 고해苦海에 비유하고 사성제四聖諦의 첫 번째가 고제苦諦이니 그럴지도 모른다.

원효와 사복의
포살 의식

사복이 본래 진면목을 드러낸 후 홀가분하게 피안의 길을 떠난 그 어머니. 아들은 그러한 어머니를 위하여 원효에게 포살布薩 의식을 부탁한다. 포살이란 참회 수행을 통해 선을 기르고 악을 없애는 것이다. 살아생전의 일들에 대한 참회 의식을 통해 열반에 이르게 하는 의식이라 할 수 있다. 그때 원효가 축원한 내용이 바로 이것이다.

태어나지 말 것이니 그 죽는 것이 괴롭고

죽지 말 것이니 태어남이 괴롭도다

莫生兮 其死也苦 莫死兮 其生也苦

생사윤회를 되풀이하는 괴로움(苦)에서 벗어나라는 것이다. 그때
그동안 말이 없던 사복의 한 마디!

"말이 번거롭소."

원효는 다시 고쳤다.

죽고 사는 것이 괴롭도다

死生苦兮

'나지 말 것이니 죽는 것이 괴롭고 죽지 말지어니 태어나는 것이
괴롭도다' 얼마나 인생을 압축한 멋진 말인가. 말하기 싫어하는 병에
걸린 사복은 '생사가 괴롭구나' 직설화법 한마디면 될지 모르겠다.
그렇지만 나는 태어나서 이제 한 갑자의 생生을 살고 죽음으로 가는
길과 친해지는 노병老病 단계에 들어서는 중이어서 원효가 말한 이
한 구절의 함축이 굽이굽이 읽힌다. 인생은 기고 앉고 걷고 뛰는 과
정의 찰나찰나에 희로애락이 있는 것이지 결코 나고 죽는 결과에 있
지 않다는 것이 지금의 생각이다. 모르겠다. 죽는 순간 사복의 말이
맞을지도…. 그 또한 경험해보고 싶은 연화장세계蓮華藏世界이다.

고선사지 삼층석탑(국립경주박물관)

연화장세계와
지혜의 호랑이

그리고는 둘이 장사지내러 가며 원효가 하는 말.

"지혜의 호랑이를 지혜의 숲에 장사지내는 것이 또한 마땅하지 않으리오."

사복의 어머니는 지혜의 호랑이였던 것이다. 연화장세계는 우주의 중심에 있다고 하는 비로자나불毘盧遮那佛의 정토라고 한다. 비로자나는 법신불法身佛이라 부르는 지혜의 부처이다.《화엄경》안에서의 비로자나불은 침묵으로 일관한다. 오래 침묵했던 그 아들 사복의 답가는 이러하였다.

옛날 석가모니 부처님께서는
사라수 사이에서 열반하셨네.
지금 또한 그와 같은 이 있어
연화장세계로 들어가려 하네.
往昔釋迦牟尼佛　娑羅樹間入涅槃
于今亦有如彼者　欲入蓮花藏界寬

사복의 어머니가 부처가 되는 순간이다. 원효에게는 말이 많다던 그가 7언절구의 시를 남기며 석가모니 부처와 비로자나 부처의 열반과 해탈을 아우르고 있다.

원효는 7세기 당시 왕족과 귀족 중심의 불교였던 신라에서 대중에게 부처라는 것과 염불을 알려주어 누구나 부처가 될 수 있다는 민초불교의 창시자로 칭송되었다. 원효의 교화와 실천 수행으로 연화장세계로 들어가게 된 첫 번째 신라 민초 부처는 어쩌면 사복의 어머니일지 모른다.

그 말을 마친 사복의 장례식도 멋지다. 어머니를 업고 풀포기를 뽑으니 '열려라 참깨!' 하는 것처럼 땅이 열리고 칠보로 장식한 연화장세계가 열렸다. 그 세계로 모자가 함께 들어가자 땅은 다시 합쳐지고 원효는 아무 일 없던 듯 고선사로 돌아왔다. 고선사 삼층석탑은 지금은 덕동댐이 들어서 수몰된 고선사에 남아 있지 않고 경주 박물관 앞에 국보로 멋지고 당당하게 서있다.

도량사와
점찰법회

후세 사람들은 그러한 사복을 기려 도량사道場寺를 짓고 해마다 3월 14일에 점찰법회占察法會를 열었다 하니 그가 어머니와 함께 연화장세계로 들어간 날일 것이다. 이 도량사 터도 설이 분분하나 대략 백률사栢栗寺가 있는 경주 금강산金剛山 동남쪽 마애불磨崖佛 있는 곳으로 추정하고 있다.

도량사터라 전해지는 곳의 마애지장보살

《화엄경》의 이상세계인 연화장세계로 갔다는 점을 미루어보면 도량사는 화엄종과 관련된 사찰이 아닐까 싶지만 점찰법회는 지장보살과 관련이 있기도 하다.

점찰법회의 소의경전인《점찰선악업보경占察善惡業報經》은 다른 이름으로는《지장보살업보경地藏菩薩業報經》이라고도 하는데 마침 이 도량사 터에 전해지는 모자 쓴 마애지장보살磨崖地藏菩薩이 예사롭지 않다.《점찰경》은 오탁악세의 말세 중생을 위하여 석가모니 부처님을 대신하여 지장보살이 설법한 경전이라고 하여《지장보살업보경》이라고도 하는데 말세의 중생에게 먼저 참회법을 닦아서 업장을 소멸시키고 다음에 대승의 바른 길로 나아가게 하는 내용이다.

신라는 생각보다 불교사상의 백화점이었다고 해도 과언이 아닐

만큼 많은 사상들이 꽃피우고 있었다. 동시대에 살고 있던 자장慈藏만 하더라도 아버지 김무림金茂林은 탈의지장으로 불리고 천부관음千部觀音을 조성해서 관음신앙 기도의 힘으로 자장이 태어난다. 그리고 그는 당나라에 가서 문수신앙을 수입해 강원도 오대산五臺山을 성지로 만들기에 이른다. 그만큼 수많은 꽃으로 장엄했다는《화엄경》의 의미 그대로 신라는 불교의 사상과 신앙의 꽃으로 장엄한 불국토였는지 모른다.

일연 스님은 이렇게 사복의 이야기를 맺는다.

연못 속 묵묵히 잠자는 용 어이 평범하리
떠나면서 읊은 곡조 복잡할 것 없도다
괴로운 생사도 원래 괴로움 아니네
연화장에 떠다니니 세계가 드넓구나
淵默龍眠豈等閑 臨行一曲沒多般
苦兮生死元非苦 華藏浮休世界寬

연화장세계는 불교에서 말하는 이상적인 불국토로 부처의 입장에서 해석하면 대원大願의 바람으로서 대비大悲의 바다를 지키고, 한없는 행行의 꽃을 나타내어 자리自利와 이타利他, 염정染淨이 서로 걸림 없는 세계라고 한다. 그 연화장세계로 사복의 어머니를 인도한 원효와 사복. 사복이 그의 어머니를 업고 지혜의 호랑이라고 하며 지혜의 숲에 들어간 것과 연관시키는 일은 어쩌면 자연스러운 일일지도 모른다.

　다만 세속의 모습으로 나툰 사복의 어머니가 과부였다는 점에 초점을 맞춰보면 스토리텔링이 예사롭지 않다. 설총의 어머니 요석공주도 과부였던 차에 원효와의 사랑을 이루었다. 신라에 불교를 전한 아도의 어머니 고도령도 미혼모였고 의상의 출중한 제자 진정국사의 어머니도 과부여서 진정이 출가를 망설였다. 《삼국유사》의 저자 일연의 어머니도 아흔이 넘도록 홀로 아들 해바라기를 하며 살았다.

　지혜의 호랑이는 남편이나 아버지의 부재가 전제되어야 하는 것일까. 그래야 자식이 대장부의 호연지기를 펼치는 것일까. 결핍이 인간을 내면으로 성숙시키고 근본적인 철학을 하게 하는 것일까. 사복과 그의 호랑이 어머니가 우리에게 전하는 지혜로운 세간살이와 함께 도달한 출세간 연화장세계, 지혜의 숲 메시지를 우리는 어떻게 받아들여야 할까.

원효와
연화장세계

그 연화장세계로 인도한 원효의 흔쾌한 동행은 어떻게 읽어야 할까. 연화장세계는 《화엄경》〈입법계품入法界品〉 중의 비로자나 장엄장누각莊嚴藏樓閣의 이야기와도 연결된다. 선재동자가 만난 52번째의 선지식 미륵보살은 손가락을 튕겨 소리를 내서 비로자나 장엄장누각의 문을 열고 선재동자가 들어가게 하고 닫았다는 내용이 있다. 사복이 띠풀을 뽑자 열린 연화장세계와 통하는 것이다. 열고 닫힘이 둘이 아니고 번뇌와 해탈이 둘이 아닌 깨달음의 세계, 생사와 열반이 둘이 아니어서 가리워진 풀포기 하나만 치우면 드러나는 연화장세계를 이렇게도 친절히 사복 모자를 통해 자연스럽게 안내하고 있는 것이다.

지금 여기 사는 곳이 연화장세계라고 그러니 이제 그 길고 긴 괴로움의 악몽에서 깨어나라고…. 그러나 어쩌랴, 눈 떠서 연화장세계 가린 띠풀 뽑기 어렵고 손가락 튕겨 열어 놓은 그 문에 들어가기까지 이토록 문전에서 맴도는 것을…. 원효는 지금도 우리 앞에서 한 삼자락 휘날리며 배밀이하고 있는 우리를 위해 함께 서고 걸어갈 수 있도록 걸림없는 춤을 추고 있을 뿐,

제 8 장

원효, 광덕과 엄장을 서방정토로 가게 하다

노힐부득과 달달박박의 원형
광덕과 엄장

《삼국유사》〈탑상편塔像篇〉에 성덕왕 시절(709년) 노힐부득努肹夫得은 먼저 미륵불彌勒佛이 되고 달달박박怛怛朴朴은 한발 늦게 아미타불阿彌陁佛이 되는 이야기가 나온다. 두 부처가 되게 만든 이는 치명적 매력의 아가씨로 분한 관세음보살이라는 흥미진진한 스토리텔링이 그것이다. 이와 비슷한 유형의 '광덕光德과 엄장嚴莊'의 이야기가 그보다 앞선 시기인 문무왕 시절(661-680)에 원효와 관련해 펼쳐지고 있다.

여기서 광덕은 수행 잘한 노힐부득과 비슷하고, 엄장은 중생심이 여전한 달달박박에 비견된다. 또한 광덕의 부인이 관세음보살로 등장하는 것도 같은 구성이다. 광덕의 유명한 향가 〈원왕생가願往生歌〉

가 지금까지 전하는 것이 차이라면 차이이다. 또 광덕과 엄장 둘 다 아미타불이 사는 서방정토로 가는 수행을 하는 반면 노힐부득은 미륵불, 달달박박은 아미타불을 발원하고 있다. 광덕은 부인의 도움으로 먼저 그 서원을 이루는데 엄장은 원효의 도움으로 성공한다는 점이 다르다. 그리고 아미타불보다 미륵불을 우위에 놓던 8세기 노힐부득의 이야기에서 7세기에는 아미타신앙이 중심을 이루고 있는 모습이 대조된다.

안양과 아미타불의
서방정토

이제 그들이 살아 숨 쉬는 《삼국유사》 이야기 속으로 들어가 보자.

> 광덕과 엄장은 친한 친구로 서로에게 조석으로 약속하였다.
> "우리 중에 먼저 서방극락(安養)에 가면 알려주기로 함세."

여기서 서방극락을 뜻하는 안양安養은 우리가 익히 알고 있는 서울 근교에 있는 도시 이름이기도 하다. 알고 보면 우리는 현재도 이렇게 전국이 불국토인 가운데 살고 있건만 정작 그것을 알고 느끼며 사는 이는 얼마나 될지 모르겠다. 필자는 매주 북한산 산행을 하고

불국토 세상, 북한산 보현봉

있다. 주로 '보현봉普賢峰'을 바라보며 '문수봉文殊峰' 쪽을 오르는 코스이다. 그러면 좌우보처에 문수와 보현을 두고 있는 부처님은 어디 계실까. 여기서 자신에게 '주인공아'를 불러야 할 시점이 아닌가 싶다. 가끔은 '원효봉元曉峰' 바라보며 '의상봉義湘峰'을 지나 '나한봉羅漢峰'으로 가기도 하고 '향로봉香爐峰', '승가봉僧伽峰'을 지나 승가사僧伽寺 길로 다니기도 한다.

북한산만 예를 들더라도 이렇게 많은 불보살과 대사, 승가가 포진한 불국토 세상이 아니었던가. 이 사실은 무엇을 의미하는가. 불교의 가르침대로 이미 지나버린 과거도, 아직 오지 않은 미래도 집착하지 말고 현재 이 땅 불국토에서 오롯이 부처로 살라는 선조의 염원이 담긴 것은 아닐지.

광덕의
성불

광덕과 엄장이 도달하고자 하는 안양은 극락極樂·안락安樂·연화장세계蓮華藏世界라고도 한다. 극락은 즐거움(Sukhā)만 있는 곳으로, 아미타불이 계신 곳이다. 여기에 태어나는 자는 심신의 괴로움이 없고 다만 즐거움만이 있다고 한다. 또 아미타불을 염불하는 사람을 구제한다는 중생구제의 사상이 담겨져 있는 이상향이기도 하다.

그러한 염원을 지닌 광덕은 분황사 서쪽 마을(또는 황룡사 서거방)에 은거하며 짚신 삼는 것을 업으로 하면서 부인과 함께 살았고, 엄장은 남악南岳(함월산)에 암자를 짓고 씨 뿌려 힘써 밭 갈며 살았다.

어느 날 해그림자 붉게 노을 지고 소나무 그늘 고요히 저무는데 창 밖에서 광덕의 목소리가 들렸다.

"나는 이제 서쪽으로 가니 그대는 잘 지내다가 속히 나를 따라오시게."

엄장이 문을 열고 나가보니 구름 위에서 하늘의 음악 소리가 들려오고 광명이 땅까지 이어져 있었다.

여기서 놀라운 것은 광덕이 부인과 함께 짚신 삼는 생업까지 영위하면서, 산속에서 홀로 정진하던 엄장보다 먼저 극락에 도달했다는 사실이다. 신라시대에는 이렇게 출가와 재가의 경계 없이 수행하는 이야기가 자주 나온다. 6세기 법흥왕의 불교 공인 이후 불교의 기틀이 잡혀 나가는 과정이었다고 볼 수도 있겠고 원효가 활발히 대중 교화하던 시기이므로 원효의 무애행을 표방하는 민초불교의 한 모습으로 해석할 여지도 있겠다.

너무나 인간적인
엄장의 모습

흥미진진한 스토리는 지금부터이다. 엄장이 이튿날 광덕을 찾아가니 과연 광덕이 죽어있어 장사를 치러준다. 이제 광덕의 부인만이 남아있다. 엄장은 제안한다.

"남편이 죽었으니 함께 지내는 것이 어떻겠소?"
광덕의 부인이 말하였다.
"좋아요."

이 말투 어디서 들었던 뉘앙스이다. 진지왕眞智王이 도화녀桃花女를 좋아해 후궁으로 삼으려 하였으나 도화녀는 남편이 있다는 이유로 거절하였다. 2년 뒤 도화녀의 남편이 죽은 뒤에 진지왕이 찾아와 "이제 남편이 없으니 되겠느냐" 묻던 그 은근한 말투가 아닌가. 그래도 도화녀는 부모에게 여쭙고서야 허락을 했는데 안양국으로 극락왕생한 이의 부인 대답이 이토록 서슴없다니…. 무언가 분명히 곡절이 있을 것이다.

바야흐로 엄장과 살림을 차린 첫날 밤 엄장은 부부의 정을 맺고자 하니 광덕의 처 가라사대,

"스님께서 서방정토를 구하는 것은 마치 나무에 올라가 물고기를 구하는 것(求魚緣木)과 같습니다."
엄장이 대경실색하여 물었다.
"광덕과 이미 그러하였거늘 나는 어찌 꺼리는 거요?"

엄장은 기가 찼을 것이다. 광덕은 되고 나는 안 되다니. 그러면서 나를 따라온 속셈은 또 무엇이란 말인가.

부인이 말하였다.
"남편은 나와 십여 년을 함께 살았지만 하룻밤도 잠자리를 같이 하지 않았습니다. 하물며 몸을 더럽혔겠습니까?
우리는 다만 밤마다 몸을 단정히 하고 바르게 앉아서 한 목소리로 아미타불을 염송했습니다. 또 16관을 짓고 관법이 무르익을 때 밝은 달빛이 방에 들어오면 때때로 그 빛 위에 올라 가부좌를 하였습니다. 정성을 다함이 이와 같았으니 남편이 서방정토에 가기를 마다한들 어디로 가겠습니까?
대개 천리 길을 가고자 하는 사람은 그 첫걸음부터 알 수가 있는 것이

니(適千里者 一步可規), 지금 스님이 하는 관법은 동방으로 가는 짓이지 서방으로 가는 것은 어림 반 푼어치도 없는 일입니다."

연목구어와
천릿길도 한 걸음부터

부인이 예사롭지 않을 줄은 미루어 짐작했지만 이 정도로 엄장의 면전에서 면박을 줄 줄은 몰랐을 것이다. 우리는 부인의 말에서 가외의 수확을 얻는다. '연목구어緣木求魚'라는 사자성어와 '천릿길도 한 걸음부터'라는 속담이 이 시대부터 쓰이고 있다는 사실. 이렇게《삼국유사》에는 우리가 지금까지 자연스럽게 쓰고 있는 한자성어와 우리 토박이 말투가 곳곳에 보석처럼 박혀 있다. 이것이 일연의《삼국유사》 문체이다. 중국의 한문으로 쓴 사서삼경四書三經에서는 찾아볼 수 없는 우리 선조의 말투와 우리식 한문이 절묘하게 갈마드는 멋진《삼국유사》만의 가치를 우리는 이 대목에서 알아차려야 한다.

게다가 부인이 말한 내용 중에는 알기 어려운 '16관법十六觀法'이란 용어도 등장한다. 16관법은《관무량수경觀無量壽經》의 중심 내용으로 극락왕생을 위하여 극락세계를 관상觀想하는 수행법이다. 이경은 특히 빔비사라Bimbisāra왕이 그의 아들인 아자타샤트루Ajātaśatru에게 유폐되고 왕비인 위제희(vaidehī)마저 감옥에 갇혔을 때의 이야기로 유명하다. 왕비가 어두운 감방에서 극락에 태어나기를 원하고 마음의 평화를 희구하자 석가모니가 극락을 보여주고 그곳에 태어나는 방법을 설했다고 한다. 문무왕 시대 아미타신앙의 경지와 깊이를 보여주는 중요한 단서이다.

엄장과 원효의
만남

이제 무참하다 못해 얼굴이 벌개져 쥐구멍이라도 찾고 싶을 우리의 엄장에게 원효가 등장할 때가 왔다. 엄장은 부끄러워 그길로 달려가 원효를 찾아간다. 원효는 그런 엄장에게 쟁관법錚観法을 알려 준다. 그 방법이 무엇인지 구체적으로 전해져 오지는 않는다. 그러나 엄장이 그 방법에 따라 스스로 정결히 하고 참회하며 한 뜻으로 관법을 행한 결과 서방정토로 갔다고 하였으니 엄장의 쟁관법과 광덕 부부가 한 수행방법은 비슷하였을 것이다.

어쩌면 광덕과 그의 아내가 먼저 분황사에 주석했던 원효에게 쟁관법을 배웠을지도 모르겠다. 엄장은 함월산 깊은 곳에서 홀로 출가 수행을 하였지만 광덕의 경지에 이르지 못했다. 원효를 찾아가도록 그것을 퉁겨준 사람은 다름 아닌 광덕의 처였는데 그는 분황사의 여종이었고 사실은 관세음보살의 19응신이었다는 것이다. 관세음보살은 사바세계에 33가지의 모습으로 현신하는데 그 중 하나가 부녀의 모습으로 화현한다는 것이다.

원왕생가의 주인공
광덕

광덕은 이미 서방정토로 가기 전에 가기를 서원하는 향가를 지었다고 한다. 그 노래가 〈원왕생가〉이다.

달님이시여

이제 서방까지 가시리잇고

무량수불無量壽佛 전에 말씀 아뢰소서

서원 깊으신 부처님께 우러러

두 손 모두어 사뢰니

원왕생願往生 원왕생願往生

그리는 사람 있다 사뢰소서

아아 이 몸이사 보내어야

48대원 이루어 주실까

광덕은 이렇게 간절히 염원하고 아내로 화현한 관세음보살의 도움까지 받아 수행을 하였으니 서방정토에 가는 일이 어찌 순조롭지 않았으랴. 여기서 48대원은 부처가 아난에게 설한 정토사상淨土思想의 핵심을 이루는 내용이다.

옛날 옛적 아미타불이 전생에 법장비구法藏比丘였을 때 이 48대원을 세우고 오랫동안 수행을 쌓은 결과 그 원을 성취하여 극락세계를 이룩하게 되었다고 한다. 그 서원의 하나하나가 남을 위하는 자비慈悲의 이타행利他行이고, 그것이 보살행菩薩行의 구체적 실천이 되었기 때문에 신라시대 스님들이 중요시하였다는 것이다.

신라의 아미타불
원효

어쩌면 원효는 신라의 아미타불로, 그 전생인 법장비구로 살며 신라 민중에게 아미타불을 염송하게 한 데서 그치지 않고 극락정토로 가는 실천수행법까지 가르쳐 주었던 것은 아닌가. 그 구체적인 성공사례가 바로 광덕과 엄장이라고 볼 수는 없을까. 그리고 그것을 가능하게 한 원효의 호위보살이 있었으니 여기서는 광덕의 처로 등장하는 관세음보살이라 할 수 있다.

그동안《삼국유사》곳곳에서 원효는 관세음보살에게 짐짓 여러 번 골탕을 먹는 한심한 역할로 등장했다. 의상은 관음을 친견했는데 원효는 그저 서답 빨래하는 여인네로 화현한 관음에게 희롱당하고, 노파로 화현한 관음에게는 '제호를 마다한 화상아'라고 무시당하던 일화 등이 그것이다.

이 엄장의 이야기는 그동안 관세음보살에게 늘 당하던 원효의 굴욕을 단칼에 잠재우는 반전 코드이다. 관세음보살이 원효의 중생교화를 도와 부녀 모습으로 응신을 하고 있을진대 이 정도 대중의 근기에 맞는 유쾌한 농담이야말로 얼마나 귀여운가. 우리는 그동안 광덕과 엄장의 서방정토 인도 역할을 한 핵심 주체로서의 원효는 잊고 있었다.

원효의 춤이 제대로 꽃피운 광덕과 엄장의 안양국 이야기에서 우리에게 지금도 가장 친숙한 염불 '나무아미타불 관세음보살'의 원형을 찾을 수 있을지도 모르겠다. 원효가 살던 아미타신앙의 시대 7세기에 누구나 부를 수 있게 됐다던 아미타불과 그의 협시보살 관세음보살 염불이 지금까지 입에 붙어 항상 따라다니게 된 데에는 원효에게 배웠음직한 광덕과 엄장 그리고 광덕의 아내가 있었던 것이다.

어디에나 있는
원효

지금도 함월산含月山에 가면 기림사祇林寺가 있다. 643년(선덕여왕12)

137

함월산 기림사 응진전

천축국天竺國의 승려 광유光有가 창건하여 임정사林井寺라 부르던 것
을 원효가 중창하여 머물면서 기림사로 불렀다고 한다. 기림사란 부
처님 생존 때에 세워졌던 인도의 기원정사祇園精舍를 뜻한다.

　어쩌면 함월산에 살던 엄장이 찾아간 곳은 이 절일지도 모르겠
다. 경주에는 눈 닿는 곳 발길 스치는 곳마다 이렇게 원효의 자취가
서려 있다. 원효가 신라의 첫 부처라는 의미로 스스로 이름지었다면
그 부처는 아미타불이었을 것이라고 확신하게 되는 광덕과 엄장의
이야기이다. 원효가 살았던 7세기는 삼국이 전쟁을 벌이고 당나라까
지 합세하여 전 국토가 피로 물들었던 때이다. 온 백성이 초근목피

로 연명하며 망한 나라 백제·고구려의 백성들은 헐벗은 채 유민으로 떠돌았다. 원효는 진심으로 그들에게 지극한 즐거움이 가득한 극락의 희망과 아미타 정토, 무량한 광명과 무량한 수명이 있어 그것을 관장하는 그들의 아미타부처님이 되려고 했을 것이다.

제 9 장

원효의 스승 낭지, 원효에게 책을 짓게 하다

불가사의 법운지보살
낭지 스님

원효의 스승이자 지통의 스승이기도 한 낭지郎智 스님의 이야기를 해보려고 한다. 문득 원효가 쓴 책도 하나의 춤판이라는 생각이 든다. 나에게 책을 쓰게 하고 있는 그분을 생각한다. 지금 쓰는 이 책은 진심으로 원효와 함께 어깨춤 추듯 즐겁기도 하지만 한편 따라가다 보면 난이도가 높아 나는 시도조차 하기 어려운 '탱고'같은 춤으로 다가오기도 한다. 누구나 누군가의 영혼을 울리는 인생 춤이 될 책을 쓰고 싶을 것이다. 원효는 어떤 마음으로 스승 낭지의 뜻을 받들어 책을 썼을까.

낭지의 또 다른 제자인 지통은 의상의 제자로 알려져 있기도 하

문수산(왼쪽)과 낭지 스님이 살았다는 영축산(오른쪽)

다. 그는 의상이 부석사에 주석하며 90일간의 《화엄경》 강설을 기록한 《추동기》를 남겼다. 이로 미루어볼 때 스승 낭지는 제자의 능력과 기량을 기르는 혜안도 대단했던 모양이다. 원효가 십지十地의 초지初地 즉 환희지歡喜地 보살이라면 낭지는 최고 단계인 구름을 타고 다니는 법운지法雲地 보살이었다고 전한다. 그렇게 낭지의 리드에 따라 함께 추었던 원효의 책 쓰는 춤 맵시를 따라가 보자.

낭지는 영축산靈鷲山에 살았는데 우리가 흔히 알고 있는 현재의 통도사를 둘러싸고 있는 양산의 영축산이 아니다. 신라 당시에는 울산 청량면에 있는 산 이름을 일컬었다고 한다. 18세기 이후 양산으로 영축산의 이름이 바뀌었다고 하는데 《삼국유사》〈감통편感通篇〉에는 구체적으로 삽량주歃良州 아곡현阿曲縣 영축산靈鷲山이라고 기록되어 있다. 삽량주는 신라의 9주 가운데 지금의 경상남도 양산 지역에 둔 행정 구역으로 문무왕 5년(665)에 설치하였다가 경덕왕 16년(757)에 양주良州로 고쳤다.

거기에 원효의 스승인 신비한 스님이 살고 있었다. 암자에서 수십 년을 살았으나 마을에서는 아무도 그를 알지 못하였다. 스님도 자기의 이름을 말하지 않은 채 늘 《법화경》을 강론했는데 신통력이 뛰어났다는 것이다. 자연히 그의 나이도 알 수 없었다.

이 《삼국유사》의 기록으로 우리는 또 하나의 정보를 얻게 된다. 7세기 원효의 시대에는 《법화경》 또한 《화엄경》 이상으로 널리 유통되었다는 사실이다.

《추동기》를 쓴 지통은 나중에 의상의 걸출한 제자가 되었지만 출가할 때는 이량공의 일곱 살짜리 어린 노비였다. 그가 문수보살의 수기를 받고 낭지에게 찾아가 출가했을 때가 문무왕 원년(661)인데 낭지는 법흥왕 때인 527년부터 그 절에 살고 있었다고 한다. 그것만 해도 135년이란 햇수가 된다. 적어도 근 200살 정도 살았던 것 같다. 한마디로 불가사의한 스님으로 결론은 원효를 가르친 스승이기도 하였다는 사실이다. 그러한 낭지가 보살 십지 중 최고의 지위인 법운지보살이었다는 증거를 우리는 어디서 엿볼 수 있을 것인가.

낭지, 구름을 타고
중국을 오가다

《삼국유사》권5 〈피은편避隱篇〉 '낭지승운 보현수조'에 나오는 기록을
촘촘히 따라가 보자.

낭지는 일찍이 구름을 타고 중국의 청량산에 가서 강의를 듣고 돌아
오곤 하였다. 그곳 스님들 또한 아무도 그가 사는 곳을 알지 못하고 그
저 이웃에 사는 사람이라고만 생각했다. 그러던 어느 날 청량산 절에
서 하루는 여러 중들에게 명하였다.
"항상 이 절에 머무는 사람을 제외하고 다른 절에서 온 스님은 각기
사는 곳의 이름난 꽃과 진귀한 식물을 가져다 도량道場에 바치시오."
낭지가 이튿날 자기가 살고 있는 영축산 속의 이상한 나무 한 가지를
꺾어다 바치니 그곳 청량산의 스님이 말하였다.
"이 나무는 범어로 달제가怛提伽라 하고 여기서는 혁赫이라 하는데, 오
직 서천축西天竺과 해동(신라)의 두 영축산에만 있다. 이 두 산은 모두
제10법운지第十法雲地 보살이 사는 곳이니 이 사람은 반드시 성스러운
사람일 것이다."
마침내 낭지의 행색을 살펴보고 해동 영축산에 살고 있음을 알게 되었
다. 이로 말미암아 스님의 이름이 나라 안팎으로 드러났다. 나라 사람
들이 그 암자를 혁목암赫木庵이라 불렀다. 지금 혁목사赫木寺의 북쪽
산등성이에 옛 절터가 있는데 그곳이 그 절이 있던 자리이다.

울산 영축사지 전경(울산박물관)

영축사지에서 발견된 와편들

울산 영축산이
영축산의 원조

《영축사기靈鷲寺記》에는 이렇게 기록되어 있다.

"낭지가 일찍이 말하기를 '이 암자 자리는 가섭불 당시의 절터였다'라
고 하고는 땅을 파서 등잔 기름병 두 병을 얻었다. 원성왕元聖王 때에는
대덕大德 연회緣會가 이 산속에 와 살면서 낭지법사의 전기를 지었는
데 이것이 세상에 퍼졌다."

《화엄경》을 살펴보면 제10지는 법운지라 했으니 지금 스님이 구름을 탄 것은 대개 부처가 세 손가락을 구부리고 원효가 백 개로 몸을 나누는 것과 같은 것이다.

《삼국유사》에는 누차에 걸쳐 이렇게 신라가 과거칠불過去七佛이 살았던 전불시대前佛時代 칠처가람七處伽藍이 있었다고 전하고 있다. 그 중에서도 황룡사 터에는 지금도 가섭불 연좌석이 남아있다고 전하는데 여기서는 영축산 낭지 스님이 살던 혁목암이 가섭불의 절터였다고 강조한다. 앞으로 《삼국유사》 속 가섭불의 의미도 재조명해야 할 대목이다.

반고사에 살았던 원효와
태화강가 스승 낭지

이러한 대단한 경지의 스승을 원효는 반고사磻高寺에 있을 때 자주 찾아가 만났다고 한다. 스승 낭지는 그러한 원효에게 《초장관문初章觀文》과 《안신사심론安身事心論》을 짓게 하였다. 원효라는 재목을 알아보는 스승의 안목과 또 그 가르침의 깊이를 시사해주는 대목이다. 안타깝게도 《초장관문》은 지금 전하지 않지만 길장吉藏이 지은 《이제의二諦義》 권상에 나오는 초장初章이라는 말과 동일한 것으로 보아

울산 반고사지가 있었던 반구대에서 거북머리 부분

삼론학三論學과 관계된 저술로 보고 있다.《안신사심론》도 또 다른
삼론계통 저술로 추측되고 있으나 전하지 않는다.

　원효는 책을 다 짓고 나자 선비 문선文善을 시켜 책을 받들어 보내
면서 스승 낭지에게 그 책과 더불어 시 한 수를 바친다. 참으로 서쪽
골짜기와 동쪽 봉우리가 어깨춤을 출 것 같은 아름다운 시 한 수.

　　서쪽골짜기 반고사에 사는 사미 원효 머리 숙여 예경합니다

　　동쪽 봉우리 영축산 덕 높으신 낭지 스승님 전에

　　가는 티끌 같은 초장관문 지어 영축산에 보태고

태화루에서 바라본 울산 태화강

작은 물방울 같은 안신사심론 지어 용연에 떨굽니다

西谷沙彌稽首禮　東岳上德高巖前

吹以細塵補鷲岳　飛以微滴投龍淵

　용연龍淵은 영축산의 동쪽에 태화강太和江이 있는 연못으로 중국
오대산 태화지太和池에 있는 용의 복을 빌기 위해 만든 것이라 전해
진다. 물론 여기서는 낭지 스님이 계신 영축산 혁목암 자리일 것이다.
　혁목암은 지금 울산 문수산 문수사文殊寺로 보는 경향과 양산 호
계동虎溪洞으로 보는 견해가 있다. 문수산의 옛 이름이 영축산임을

감안하면 울산에 있었다는 것이 좀 더 개연성이 있다.

지통과 원효 모두 큰 성인으로 추앙받는 신라를 대표하는 스님들이다. 이 두 성인이 공경하며 스승으로 섬긴 낭지 스님은 보살의 최고 지위인 '십지 법운지'를 얻었다. 낭지 스님이 얻은 '십지 법운지'는 우리같은 범부는 헤아릴 수 없는 경지이다. 다만 원효와 지통의 일화를 통해서 털끝만큼이나마 낭지법사의 도를 미루어 짐작할 수 있을 뿐이다.

원효는 얼마나 스승을 존경하고 자기 책을 한없이 겸손하게 표현하고 있는가. 살아가면서 이런 시를 주고받는 사제지간을 만날 수 있다면 그 아니 행복할까. 꼭 사제가 아니더라도 서로 존경하고 그 사람의 능력을 발휘하게 해주는 사람이 곁에 있다면 감히 성공한 인생이라 말할 수 있지 않을까. 역사는 돌고 돈다고 한다. 그렇기에 우리는 역사에서 참으로 많은 것을 보고 배울 수 있어 다행이라 하겠다. 21세기 작금은 종종 7세기 선덕과 진덕의 시대에 비견되기도 한다. 7세기 신라는 내우외환에 휩싸였으나 결과적으로 원효와 의상, 유신과 춘추 같은 사람들이 종횡무진 활약해 통일신라를 이룩하는 무대가 되기도 하였다. 그러므로 위기를 기회로 반전시킬 원효와 유신이 나타날 무대인 21세기 대한민국의 미래도 궁극적으로 밝다고 믿어 의심치 않는다.

일연은 우리에게 이름 없이 사라질 뻔한 원효의 훌륭한 스승 낭지를 알려주었다. 우리 주변에도 찾아보면 지금의 우리를 있게 한 숨어 사는 낭지가 있을 것이다. 아니면 본받을 사람이 없으면 바로 자신이 그 본받을 사람이 되어야 한다는 공자의 말도 음미해 볼 시점이다.

원효의 편지와 책을 보면서 누군가에게 친필로 자기의 마음을 적어 보내는 일을 한 적이 언제였나 헤아려본다. 요즈음 나이든 사람들도 점차 카톡이니 문자니 하여 통화보다는 문자로 소통하는 게 보편화되었다. 그러나 그 내용은 하나마나한 이야기들로 가득 차 있다. 나도 딸과 주고받는 메시지가 "뭐해, 어디야" 같은 단어 수준이고, 아이도 "헐, 대박, ㅜㅜ" 같은 외계어일 때가 다반사이다.

원효는 노래하고 춤추는 시인이었다. 우리도 한평생 노래하고 춤추는 시인이 되지 말라고 누가 말렸던가. 그러므로 우리도 원효처럼은 못 써도 정성 담은 한 줄 시를 오늘부터 내 친구와 가족 이웃들에게 써보면 어떨까. 꼭 무애무가 아니더라도 어디 가서 막춤이라도 신나게 출 수 있도록 음악에 몸을 맡기는 연습을 해보면 어떨까. 노래방이 아니더라도 어디서든 빠지지 않고 애창곡 하나쯤 부를 수 있는 노래를 지금부터 연습해보면 어떨까.

원효는 진제眞諦와 속제俗諦가 둘이 아니고 더러움과 깨끗함도 둘이 아니며 부처와 중생도 둘이 아니라고 설파하였다. 코끼리를 더듬어 그리듯 그린 원효의 퍼즐조각이 혹시 나에게 빠져있던 조각은 아니었는지 되돌아볼 시간이다.

제 10 장

원효와 함께한 김유신과 김춘추、 선덕과 진덕의 시대

위기는 기회였던
원효 시대의 영웅들

원효가 살았던 7세기는 그야말로 별들의 향연이었다. 삼국 중 가장 약소국이자 불교 공인이 뒤늦게 527년 이차돈이 순교한 6세기에야 이루어진 신라. 위기인 만큼 난세의 영웅들도 그만큼 기량을 발휘할 수 있었던 신라. 위기와 기회를 불이사상不二思想으로 풀어낸 원효의 화쟁和諍 현장을 온몸으로 살다간 인물들의 모습으로 살펴보자.

원효와 동시대를 살았던 가장 대표적인 영웅들인 유신과 춘추는 실과 바늘이다. 이들과 함께했던 동시대의 두 여왕이 있었으니 선덕善德과 진덕眞德이 그들이다. 이 두 쌍의 조합은 7세기 신라와 삼국시대를 통일로 이끈 파란만장 스토리텔링의 주인공들이다.

공교롭게 이들은 모두 김씨이다. 춘추와 선덕, 진덕 두 여왕은 신라 김알지의 후손인 '신라 김씨'였지만 김유신만은 가야 김수로왕의 후손 '가야 김씨'였다. 유신은 가야의 멸망으로 인하여 가야계 신라인이 되었지만 정통 신라인으로 인정을 받기까지 그의 일생은 눈물겨운 한 편의 장편 대서사시라고 해도 과언이 아니다.

신라 김씨인 선덕과 진덕은 최고 지위에 오른 왕이 되었다지만 그렇다면 춘추는 무열왕이 되기까지 승승장구하기만 했을까. 춘추의 아버지는 용춘龍春(또는 龍樹용수)이다. 어머니는 26대 진평왕眞平王의 딸 천명공주天明公主이고 그의 할아버지는 25대 진지왕眞智王이다. 이러한 막강 성골의 후예로 태어났지만 춘추의 할아버지 진지왕은 황음했든 정치적 파워 게임에서 겼든 재위 4년 만에 강제로 폐위된다. 그 진지왕의 손자 춘추는 성골에서 진골로 강등되어 영원히 왕이 될 수 없는 불운한 처지에 놓여 있었다.

그런데 가야계 신진세력 유신과 의기투합하자 춘추는 결국 왕위에 올라 무열왕이 되고 유신은 그와 종횡무진 활약해 왕 위의 왕 흥무대왕興武大王으로 추앙받는 인물이 된다. 무엇 때문인가. 이 둘이야말로 풍전등화와 같던 두 여왕 시대에 신라 위기를 삼국의 통일 기회로 만든 통일신라의 주인공들이기 때문이다. 그러므로 유신과 춘추에게 선덕과 진덕을 떼어 놓고 통일신라를 이룩하는 활약상을 기대할 수 없다. 이 절체절명의 위기에서 통일신라가 되기 위하여 백성들이 겪어야 했던 고초를 감싸 안을 인물이 등장한다. 비로소 백성들과 함께 울고 웃는 신라의 붓다 원효가 탄생하게 되는 것이다. 먼저 7세기 4인 1조의 드라마틱한 신라의 정체성을 찾아 떠나기로 한다.

유신과 춘추의 출생과
환상의 평생지기

그들의 출생부터 살펴보자. 김유신은 595년생(진평왕17), 김춘추는 603년생(진평왕25)으로 유신이 여덟 살이 많으나 평생 의기투합하였다. 원효(617-686)와 의상(625-702)도 여덟 살 차이였는데 두 번의 당나라 유학 시도 등 평생도반으로서 7세기 신라불교를 이끌어 갔다. 두 쌍의 환상 궁합 브로맨스 커플이다.

유신은 673년(문무왕13)까지 78세를 살았고 춘추는 661년(문무왕1) 58세까지 살아 김유신이 20년을 더 살았다. 김유신은 전쟁터에서 살다시피 한 사람인데 당시로서는 꽤 장수한 셈이다. 7세기에는 정말 걸출한 인물들이 동시대를 수놓았다. 선덕여왕과 진덕여왕, 그리고 김춘추 무열왕, 그의 아들 문무왕이 통치했다. 원효는 물론이고 의상, 자장 등 신라를 대표하는 스님들뿐 아니라 김유신과 그의 동생 김흠순金欽純, 김춘추의 아들 김인문도 신라 삼보라 불리울 만큼 신라 삼국통일에 혁혁한 공을 세운 인물들이다. 이들에 대한 재조명도 필요한 시점이다.

선덕여왕 시절 신라는 그야말로 절체절명의 위기였다. 당나라는

김유신(좌)과 태종무열왕(우)

나당연합군으로 도와주는 척하며 결국 신라를 넘보았다. 선덕을 여
왕이라는 이유로 향기 없는 모란꽃이니 당태종의 친척을 보내 대신
다스려주겠다느니 하는 조롱 외교를 일삼았다. 한 해도 끊이지 않는
고구려와 백제의 침공, 거기에 신라 최고 관직을 차지한 상대등上大等
비담毗曇의 내란까지 그야말로 내우외환의 절정을 달리던 시대였다.

　진덕의 시대는 어떤가. 선덕이 647년 정월에 비담과 염종廉宗의
반란 속에 서거하고 그의 유언에 따라 왕이 된 진덕은 김유신의 기
지로 즉위 7일 만에 비담의 난을 평정한다. 그리고 이어지는 백제의
침략과 고구려까지 가세한 어려운 상황을 맞자 김춘추를 당에 보내
나당 외교를 통해 실리를 얻는다.

8년이라는 짧은 즉위기간 동안 진덕도 바람 잘 날 없는 신라의 왕이었지만 그 위기를 반전의 기회로 멋지게 성공시켜 삼국통일을 이루었다. 산이 높으면 골이 깊기 마련이다. 그 어렵고 험난한 질곡의 시절이 있기에 이들의 용맹과 지략이 더욱 우뚝한 것이다.

선덕과 진덕, 이름에 담겨있는 신라왕실의 정체성

선덕여왕의 이름은 덕만德曼이다. 덕만은《열반경涅槃經》에 나오는 '덕만 우바이'를 가리키는 것으로 중생을 제도하기 위하여 여자로 태어난 보살의 이름이다. 선덕善德은 수미산의 꼭대기에 있는 도리천忉利天을 주재하는 천신 선덕바라문을 뜻하는 것으로 보고 있다.

이처럼 선덕을 덕만 우바이와 동일시했다면 진덕은 부처의 인가를 받아《승만경勝鬘經》을 설한 승만勝鬘과 동일시하려 한 것으로 보인다. 진덕의 이름이 곧 승만勝鬘이다.《승만경》의 주인공 승만부인은 파사닉波斯匿왕과 말리末利부인의 공주로 아유타국 우칭왕友稱王의 왕비이자 여성재가불자로 유일하게 대승불교 경전을 설한 주인공이다. '승만'은 산스크리트어 스리말라데비śrīmālādevī를 한역한 것인데 한자는 조금씩 차이가 있다.

신라는 법흥왕 때 불교를 공인한 후 철저히 인도 석가모니의 계층, 가문, 이름 등을 그대로 수용하여 신라 왕족을 석가모니의 가문과 동일시하는 신라불국토를 지향하였다.

자장이 당나라에 유학 가서 문수보살로부터 선덕이 석가모니와 같은 찰제리종利帝利種(크샤트리아 계급)이라는 수기를 받게 되는 진종설眞宗說이 바로 그것이다. 진골 출신으로 당나라에 유학을 갔다가 귀국한 자장은 대국통大國統에 취임하여, 진종설과 전륜성왕 등을 신라 왕실과 결부시키는 왕권 강화 체제를 구축하였다. 자장은 '가섭불-석가불-문수사리'로 이어지는 과거와 현재 시대의 불교 신앙을 내세워서, 신라를 부처·보살과 결부 짓는 '불국토'를 주창하였다.

신라 24대 진흥왕 때(540-576) 그는 전륜성왕의 네 바퀴(금륜, 은륜, 동륜, 철륜)에서 따와서 자식들을 금륜태자, 동륜태자로 이름 짓는데 금륜태자가 25대 진지왕이다. 그리하여 26대 진평왕대(579-632)에 이르러서는 석가모니의 부모와 이름이 같아진다. 곧 진평은 백정白淨이며 왕비는 마야부인인데, 이는 석가모니의 아버지 슈도다나(백정왕白淨王 또는 정반왕淨飯王)와 어머니 마야부인에서 이름을 따온 것이다. 진평왕의 아우 백반伯飯과 국반國飯 역시 석가모니의 숙부들 이름이다. 그 진평의 딸이 선덕이고 선덕의 사촌동생이 진덕과 자장이다.

석가모니와 같은 선덕, 부처라는 수기를 받은 승만 진덕에게 필요한 것은 신라를 명실상부한 불국토로 세우는 작업이었다고 할 수 있다. 여기에 선덕의 사촌인 자장이 황룡사 9층탑을 세워 불국토 하드웨어를 구축하고 통도사 계단을 세워 계율을 정립하는 안성맞춤의 역할을 맡았다. 내우외환으로 어려울수록 덕德으로 최상의 국가를 지향하는 진眞과 선善의 신라 불국토가 그들의 이상이었다.

선덕의 예지력 있는 통치와
남성 조력자들

선덕은 예지력이 뛰어난 왕으로 정평이 나있다. 백제군의 잠입 격퇴
에는 '여근곡, 옥문지' 등의 다소 민망하고 직설적인 지명을 여성성
으로 품어내 물리친다. 당 태종의 향기 없는 모란꽃 선물에는 즉위
3년 만에 향기로운 여왕의 절 분황사芬皇寺를 지어 은은한 모란의 향
기로 멋지게 화답한다. 통치 16년 동안 한 해도 거르지 않던 백제와
고구려의 수많은 전쟁과 위기 속에서 삼국통일의 기반을 닦은 선덕
에게는 많은 남성 조력자들이 있었다.

《화랑세기花郎世記》에는 두 남편으로 지칭되는 진지왕의 아들이
자 선덕의 숙부였던 용수·용춘 형제와 대신 을제乙祭를 남편으로 적
시하고 있다. 역사상 전무후무했던 공식적인 신라 첫 여왕 선덕에게
남편의 이름은 그다지 중요하지 않았을지도 모른다. 그들은 선덕의
든든한 지지세력이자 정치 참모들이었기 때문이다.

용춘과 선덕의 여동생 천명의 아들인 김춘추는 목숨 걸고 고구려
와 당나라에 가서 외교를 펼쳐 선덕이 닦아놓은 삼국통일 기반 위에
서 태종무열왕이 될 수 있었다.

무엇보다 가야계 김유신은 김춘추를 자신의 여동생 문희文熙와 결혼시켜 가야와 신라부터 통합하고 매제를 무열왕으로 만든 일등공신이다. 춘추가 '태종무열왕'이라 하여 '당태종'과 같은 반열이 된 것 또한 김유신과 같은 훌륭한 신하를 두었기 때문이라고 설득하여 중국을 승복시켰던 일화는 유명하다.

김유신은 삼국통일의 실질적 주체이고 왕과 왕실의 보호자 같은 존재였다. 선덕에게는 백제가 침략해올 때마다 세 번씩이나 집에도 들르지 못하고 다시 전장터로 뛰어나갔던 신라의 수호신장과 같은 존재였다. 그의 신라에 대한 우국충정은 죽어서까지 이어져《삼국유사》'미추왕죽엽군조味鄒王竹葉軍條'에서는 제36대 혜공왕이 김유신의 후손에게 했던 소홀한 대접을 백배사죄하는 모습으로 그려지고 있다.

진덕의 신라를 위한
십대서원과 태평가

한편 진덕의 이름이 승만임에 다시 주목해보자.《승만경》의 승만부인이 부처 앞에서 설법을 하고 부처가 승만의 설법 내용이 옳다고 인가하는 형식으로 되어 있는 것처럼 진덕은 부처와 동격으로 불국토 신라를 지향하였다.

진덕은 몸매가 풍만하고 아름다웠고 7척 장신에 팔이 무릎까지 내려온다(姿質豊麗 長七尺 垂手過膝)고 《삼국사기》에 기록되어 있다. 진덕은 21세기에 태어났어도 만인의 선망을 받을 이상적인 체격을 가졌던 것 같다. 키 또한 6척이 넘는 2미터가량의 장신이었다는데 부처의 32상 80종호에 상응하는 큰 키와 팔의 길이는 승만과 같은 재가불자를 부처로 격상시키려하는 의지가 엿보인다. 이러한 진덕은 647년 왕으로 즉위하여 《승만경》의 십대서원과 삼대원에 충실한 정치철학을 보여준다.

'오늘부터 보리에 이르기까지'로 시작되는 《승만경》의 십대서원十 大誓願은 다음과 같다.

1 계戒를 범하는 마음을 일으키지 않겠나이다

2 존장尊長에 대하여 교만한 마음을 일으키지 않겠나이다

3 사람에 대하여 성내는 마음을 일으키지 않겠나이다

4 타인의 재산이나 지위에 대하여 질투하는 마음을 일으키지 않겠나이다

5 내가 소유하고 있는 것에 대하여 아끼는 마음을 일으키지 않겠나이다

6 나 자신을 위해서 재산을 모으는 일을 하지 않겠나이다

7 사섭법四攝法(布施·愛語·利行·同事)에 의하여 사람들에게 이익을 주는 일을 하되 자기의 이익을 위해서는 하지 않겠나이다

8 고독한 사람, 감금되어 있는 사람, 병마에 시달리는 사람, 재난을 당한 사람, 빈곤한 사람을 보고 그냥 버려두지 않겠나이다

9 새나 짐승을 잡아서 파는 사람, 길러서 잡는 사람, 부처의 계에 어긋

난 사람을 보면 놓치지 않고 조복시키겠나이다

10 정법을 잘 지키고 그것을 잊어버리는 일을 하지 않겠나이다

지금 바로 우리에게 적용할 수 있는 구체적인 실천 수행법이다. 진덕이 신라의 승만이라면 이 열 가지를 모두 몸과 마음에 새기며 성장하여 그것을 정사에 옮기고자 했을 것이다.

진덕은 또한 현명했다. 이 십대원으로 신라와 백성을 위하여 무슨 일은 못 할 것인가. 백제와 고구려의 침략 속에 우선 당과 화친을 맺어야 한다. 정략적으로 진덕은 비단을 짜고 거기에 당나라의 태평성대를 기리는 〈태평가〉를 지어 당고종에게 선물로 보낸다. 그 전달자는 장차 문무왕文武王이 될 춘추의 아들 법민法敏이다. 진덕은 시 또한 잘 지어서 〈태평가〉는 고고웅혼高古雄渾하다는 평을 들었다. 고상하고 예스러우며 웅장하고 막힘이 없다는 것이다.

위대한 당 나라 왕업을 열었으니

높고도 높은 황제의 계획 창성하리라

전쟁이 끝나고 천하가 안정되니

학문을 닦아 백대에 이어지리라

하늘의 뜻 이어받아 은혜를 베풀고

만물을 다스리며 깊은 덕 간직하네

깊은 인仁은 해와 달과 짝하고

국운이 요순시대와 같다네

나부끼는 깃발은 어찌 이리도 빛나며

징소리 북소리는 어찌 그리도 웅장한가

나라 밖 오랑캐, 황제 명령 거역하면

하늘의 재앙으로 멸망하리라

순박한 풍속은 온 세상에 펼쳐지고

멀리서 가까이서 좋은 일 다투어 일어나네

빛나고 밝은 조화 사계절과 어울리고

일월과 오행이 만방을 돌고 있다네

산악의 정기는 보좌할 재상을 내리시고

황제는 충성스럽고 어진 신하를 임명한다네

삼황과 오제의 덕이 하나가 되어

우리 당 나라를 밝게 비추리로다

태평가,
'당'이라 쓰고 '신라'로 읽는다

이 시를 누군가는 너무 사대적인 것이 흠이라고 하나 진덕의 염원은 '당나라'로 쓰고 '신라'로 읽는 태평가였을 것이다. 잠시 그 이름을 바꾸어 당의 지원을 얻어내 백제, 고구려의 공격을 막아내고 신라의 백성을 평안하게 하는 목적을 달성했다면 매우 훌륭한 외교전략이라

할 수 있다. 이것은 승만경의 ①정법의 지혜를 구하고 ②일체중생을 위하여 법을 설하며 ③정법을 획득하겠다는 삼대원을 나타내는 진덕의 통치 스타일이라고도 볼 수 있다.

나 아닌 남을 위하여 나는 무엇을 어디까지 해본 적이 있던가. 진덕에게는 남편과 자식에 대한 기록이 없다. '여성은 약해도 어머니는 강하다'라는 말은 만고의 진리이다. 신라가 남편이고 백성을 자식으로 생각한다면 전쟁에 피폐해진 내 가족을 살리기 위해 비단에 글씨를 수놓는 일쯤이야 무엇이 어려우랴. 결국 당고종이 이 글을 아름답게 여기고 문무왕이 될 법민에게 대부경大府卿을 제수하여 돌려보냈다. 처음으로 중국의 연호인 영휘永徽를 사용하게 되었다. 진덕의 전략은 성공한 것이다.

8년이라지만 7년 2개월의 짧은 왕 노릇을 한 진덕이 승만이라는 이름에 걸맞게 신라와 백성을 위해 작은 자존심 내려놓고 큰 자존심을 지켜낸 것이라 해석할 대목이다. 그 결과 다음 왕인 김춘추가 삼국을 통일하는 위업을 이룰 수 있도록 물려주었다.《삼국유사》에 나타난 여인의 기상이며 신라 여왕의 기본 품새인 것이다. 사촌언니 선덕의 후광에 가려 또는 유신과 춘추의 활약이 부각돼 진덕의 진면목이 우리의 편견에 가려져 있는 것은 아닌가. 지금이라도 허수아비왕 노릇을 했다는 진덕의 면면을 사금파리 주워 그릇을 복원하는 마음으로 찬찬히 찾아내야 할 것이다.

7세기 신라의 별들을 바라보며 21세기를 살고 있는 우리를 되돌아보게 된다. 우리는 대한민국의 국민으로서 어떤 역할을 하고 있는

가. 나라가 나날이 발전하고 눈부신 경제성장과 한류로 파급된 한국 문화에 자긍심을 느끼는 사람들이 많을 것이다.

우리는 다음 중 어떤 역할에 마음을 두고 있을까. 나름 우국충정의 마음으로 여왕대신 왕이 되어 신라를 다스리고자 했던 상대등 비담, 가야와 신라를 결합하고 그 신라의 힘으로 백제와 고구려를 통일한 유신, 성골에서 진골로 강등되어 영원한 아웃사이더로 전락한 삶을 박차고 분골쇄신 기필코 진지왕의 왕위를 이은 춘추, 당나라 소정방의 암호를 풀어 전쟁승리에 결정적 도움을 주는 원효, 당나라의 침략 정보를 알아내 급히 귀국하는 의상, 선덕을 도와 신라를 둘러싼 9개의 호시탐탐 적국을 진압하기 위해 황룡사 9층탑을 세우는 자장.

각자의 대의명분과 밑바탕에 흐르는 애국심으로 일생을 보냈을 그들이지만 누군가는 시대의 영웅으로 누군가는 9족을 멸한 반란자로 기억되고 있다. 다시 묻는다. 7세기《삼국유사》원효와 함께 목숨 바쳐 춤춘 사람들의 기록은 지금 우리에게 어떤 의미인가.

제 11 장

원효와 설총, 그 너머 요석공주

고개 돌려 바라보는
신라의 부처 원효

일본 교토 은각사와 남선사 사이에 있는 에이칸토우(永觀堂)에 간 일이 있다. 거기서 신기한 불상을 보았다. 고개를 돌리고 있는 부처가 서 계신 것이다. 순간 《삼국유사》 '원효불기조元曉不羈條'의 설총을 향해 고개를 돌려 바라보았다는 원효의 소조상이 떠올랐다. 원효의 유해로 아들 설총이 빚었다는 원효의 상이 남아있다면 이러한 형상이 아니었을까. 고개 돌려 설총을 바라보았다는 원효상 이야기부터 살펴보기로 하자.

우리나라에는 이 원효의 회고상廻顧像이 남아있지 않지만 어쩌면 일본 에이칸토우의 고개돌린 아미타상이 영향을 받았을 가능성도

효를 연상시키는 돌아보는 아미타상(일본 교토 영관당)

배제할 수 없다. 그렇다면 《삼국유사》에 전하는 원효의 회고상이 주는 메시지는 무엇일까.

먼저 교토의 아미타상을 찬찬히 바라본다. 그 모습이 단아하면서 그윽하다. 원효와의 연장선상에서 보아서일까. 아들을 바라보는 애틋한 눈매와 그 아들을 지나 너머를 바라보는 듯하다. 죽어서도 자기를 부처 모시듯 깍듯이 예경하는 아들 설총에게 '돌부처도 돌아앉는다'는 속담의 반전 효시가 된 형상일지도 모른다. 어떠한 마음이었으면 유해로 만들어진 자신의 모습이 이렇게 뻗친 것일까.

문득 부처 열반 시 제자 가섭이 늦게 도착하자 관 속에서 두 발을 뻗쳐 내보였다는 곽시쌍부槨示雙趺의 이적도 떠오른다. 이 이적 후 부처의 상수제자 마하가섭은 경과 율을 결집하고 교단을 이끌어가는 지도자가 되었다. 설총은 아버지의 뒤를 이어 불교에 귀의하지는 않았지만 신라를 대표하는 유학자가 되었고 신라 문자의 표기 방식인 이두吏讀를 총정리한 신라의 지도자가 되었다.

원효의 삶은 그동안 살펴본 바와 같이 생사에 걸림없는 무애행의 연속이었다. 동시에 여러 경전을 회통해 우리 불교의 대표적 특징이 되고 있는 일심一心과 화쟁和諍 사상을 마련한 신라의 부처로 자처하고 살았다. 그리하여 원효는 흥륜사에 그려진 신라십성 중 하나, 설총은 신라십현에 속하는 인물로 자리매김해 그야말로 부자가 신라 불교와 유교의 양대 산맥을 이루고 있다고 해도 과언이 아니다. 이 두 사람이 있게 만든 중심인물은 누구일까. 바로 요석공주이다. 원효가 바란 구원의 여인상이자 설총의 어머니.

요석의 부모와
첫 남편

《삼국유사》에도《삼국사기》에도 그 유명한 요석공주는 기록이 거의 없다. 그나마《삼국유사》'원효불기조'에 '요석궁에 과부공주가 있었다(瑤石宮有寡公主)'는 한 줄이 전부이다. 원효가 우리말로 '새벽'으로 불렸다면 요석도 '옥돌'이나 '구슬'로 불렸을지도 모른다. 요석공주는 생몰연대도 나오지 않는다. 우선 그의 생애에 대한 자취부터 살펴보기로 하자.

요석공주는 그저 태종무열왕의 딸이라고도 하고 아니라고도 한다. 무열왕 김춘추의 첫째 딸이 보라궁주寶羅宮主 설씨薛氏가 낳은 고타소古陀炤라고《화랑세기》에 나오니 요석공주는 둘째 딸이라고도 한다. '김춘추와 김유신, 문희, 보희'의 시대에서 그들의 자식 세대로 러브스토리가 이어지는 것이다.

요석공주는 무열왕의 정비가 된 문명왕후文明王后 문희文姬가 아니라 나중에 후비後妃가 된 언니 보희寶姬의 딸이라고 한다. 그러므로 보희가 낳은 개지문皆知文, 거득車得, 마득馬得과 남매간이 된다. 따라서 문명왕후 문희의 아들 30대 문무왕(661-681)은 요석공주의 이복오빠가 된다.

그녀를 과부로 만든 주인공은 백제 전투에서 655년 전사한 김흠운金歆運이라고 전해진다. 617년생인 원효는 김흠운이 전사한 655년 이후인 삼십대 후반이나 사십대 초반에 과부가 된 요석공주를 만나게 되는 셈이다.

그녀의 생몰연대는 전해지지 않으나 이복오빠 문무왕이 626년에 태어나고, 그 동생 김인문은 629년에 태어났다. 늦게 둘째 부인이 된 보희가 개지문을 낳고 그후 요석이 태어났으니 최소한 630년은 지나서 태어났을 것이다. 그러면 원효와 나이 차이가 십 수 년은 족히 되었을 듯하다. 그렇게 맺어진 원효와 요석의 러브스토리는 신라 전체를 뒤흔드는 스캔들이 된다.

원효의 인생이모작 주인공
요석과 설총

《삼국유사》에는 원효에 대한 기록이 열 번 남짓 나오는데 세분하면 훨씬 더 많은 이야기로 재구성할 수 있다. 원효는 태어날 때부터 석가모니 부처와 탄생담이 같고 신라에 부처를 처음으로 빛나게 하여 원효元曉라고 스스로 이름했을 정도이다. 태어나면서부터 총명해 스승에게 배울 것이 없었다고 한다.

출가 후 의상, 혜공, 대안, 사복 등과 교유 일화를 남기며 신라를 대표하던 승려 원효가 스캔들 메이커를 자처하는 일을 벌인다. 《삼국유사》에는 풍전창가風顚唱街 하였다고 하는데 '풍전'은 상례에 벗어난 행동이라는 뜻이다. 곧 다음과 같은 〈서동요〉 못지않은 노래를 거리에서 불렀다는 것이다.

누가 자루 없는 도끼를 내게 허락하려는가
나는 하늘 떠받칠 기둥을 찍으리
誰許沒柯斧 我斫支天柱

하여튼 이 '얼레리꼴레리'에 해당하는 노래를 무열왕이 알아듣고 원효와 요석공주의 합방이 이루어진다. 원효는 이와 같이 요석공주에게 공개구혼을 하고, 예상했던 대로 태어나면서부터 총명하여 이름도 설총薛聰이 된 아들을 얻게 되는 것이다.

원효는 마음먹은 바가 있었던지 설총을 낳고는 속인의 옷으로 갈아입고 소성거사小姓居士라 이름하고 본격적으로 신라에 대중 불교를 정착시킨다.《화엄경》〈보살문명품菩薩問明品〉에서 말한 "일체법에 걸림 없는 무애인, 한 길로 죽고 사는 것을 벗어났네(一切無碍人 一道出生死)"의 '무애無碍' 곧 걸림 없는 '원효불기元曉不羈'를 실천한다. 온 나라 천촌만락 무지몽매한 백성들에게 부처와 나무아미타불 염불을 가르친다.

그동안 왕실과 귀족 중심이었던 신라 불교를 대중 불교로 전환시킨다. 그 스스로 광대를 자처하고 '무애'라는 바가지를 두드리며 누구나 '부처'를 알게 하고 '나무아미타불' 염불을 할 수 있게 되었다는 것이다. 민초불교의 효시이다.

그렇다면 이 모두를 종합할 때 요석공주는 어떠한 의미를 갖는 인물일까. 부처의 땅 '불지佛地'에서 태어나 신라 부처의 해를 처음 비춘 원효가 아닌가. 석가모니 부처의 부인은 '야수다라'이다. 부처의 십대제자 가운데 밀행제일密行第一로 이름난 '라홀라'를 아들로 키웠고 부처를 키운 시어머니 대애도大愛道(마하프라자파티)와 함께 비구니가 된 보살이다. 곧 요석은 원효의 야수다라라고 할 수 있다.

《삼국유사》에서 요석을 뜻하는 칭호로 '귀부貴婦'가 나온다. 원효가 원했던 '귀부인'은 일반적인 귀부인이 아니라 부처의 아내이자 라홀라의 어머니와 동격의 인물이었던 것으로 보인다. 라홀라가 부처의 십대제자였듯이 설총이 신라십현이 된 것도 일맥상통한다.

요석공주는 신라 백성을 위한 민초불교의 부처 원효의 야수다라이자, 라홀라와 같은 아들을 키워낸 설총의 어머니로 자리매김한 신라 불교의 보살이었다. 지금도 경산 반룡사 주변 마을에서는 요석을 관세음보살로 보는 전설이 전해진다. 원효가 고개 돌려 바라본 것은 그의 염원이 실현된 설총과 요석공주의 나라 부처의 땅이 아니었을까. 원효와 요석이 추었던 춤은 통일신라에 아미타 불국토를 만드는 불보살의 춤이었다. 부처가 되고 관세음보살이 되어 모두가 행복해지는 세상.

교토 고산사에 그녀가 반했을 법한 원효의 진영이 여전히 남아있다. 함께 남아있는 의상의 모습이 희고 단아한데 비하여 부리부리하고 구릿빛 얼굴의 결기있는 모습으로 그려진 원효. 그 무엇으로도 한정지을 수 없는 걸림없는 원효에게서 우리는 어떤 모습을 그리는가. 우리가 원하는 이 시대의 원효의 모습은 무엇일까. 우리 시대의 원효와 요석을 우리는 누구에게서 찾을 것인가.

제 12 장

일연의 롤모델은 원효

元曉

원효가 해골물을 마셨다는
당항성은 어디에

2017년은 원효 탄신 1400년이 되는 해였다. 그래서인지 여러 학회와 관련 지자체에서 논문을 공모하고 발표를 하는 등 원효와 관련된 행사가 많았다. 예를 들면 원효가 의상과 당나라로 유학가려다 해골물 마시고 돌아왔다는 '당항성黨項城'이 있는 두 지역에 대한 집중 조명이 그 중 하나이다. 경기도 화성과 평택의 수도사가 후보 지역인데 두 지자체가 선점하려는 경쟁이 치열하다.

나는 두 지역의 원효 관련 학술행사에 모두 참석하느라 가보고 깜짝 놀랐다. 행정구역만 다를 뿐 같은 동네였던 것이다. 불교의 상생정신으로 두 지자체가 협력하면 윈윈전략으로 승화될 일이라 생

평택 봉화산 수도사 전경

각한다. 현재 신라 당시의 당항성은 없다. 화성의 시화호 등 바다를 간척지로 메워서 지형조차 달라지고 찾을 길도 없어 설이 분분하다. 해골 물도 마셨다는 직접적인 기록이 없어 시간이 지나 구전되고 전승되는 시기에 상상력이 보태진 이야기로 가닥을 잡아가고 있다.

그러나 중요한 것은 경기도 평택항과 화성근처에 가까운 당나라로 가는 나루가 있었음은 사실이고 비 내리는 밤 토굴에서 원효가 깨달은 것도 사실이라는 것이다. 현재 평택 수도사에 주지 적문 스님의 노력으로 세워진 '원효대사 깨달음 체험관'이 있다.

그리하여 《삼국유사》에 원효에 관련된 이야기가 꽤 높은 비중으로 서술되고 원효의 다양한 모습을 가감 없이 여러 각도에서 그려내고 있음을 공부하고 있다. 원효의 출중한 불교 지식과 지혜로운 모습, 수행자로서의 모습과 아들을 생각하는 아버지의 인간적인 면모. 그뿐만 아니라 여인과 희롱하고 관음보살을 친견하려다 못하는 일화들이 그것이다.

《삼국유사》는 그가 당시 중국의 13개 종파를 회통한 불교적 위상이라든지 초지보살 지위의 위대한 업적에 초점을 맞추기 보다는 거기서 훌쩍 벗어나 우리와 같은 범부의 모습으로 노래하고 춤추는 인간 붓다로 우뚝 서게 하는 데 치중하고 있는 것처럼 보인다.

원효와 일연의 고향은 경산

원효와 일연은 고향이 같다. 정리하면 당시 그들의 고향 이름인 압량주押梁州와 장산章山은 지금의 경산 지역이다. 일연은 원효를 신라시대의 본받고 싶은 스승으로, 고향의 선배로 퍽 좋아하고 닮고 싶어 했던 것 같다. 현재 경산에서는 원효와 그의 아들 설총, 그리고 일연을 삼성三聖으로 기리고 있기도 하다. 어쩌면 《삼국유사》 곳곳의 기록은 신라의 원효를 고려시대의 롤모델로 화현시키고자 하는 일연의 마음을 모아놓은 것일지도 모르겠다. 원효와 일연의 닮은 점을 찾아보자.

첫째, 국가 위기 상황에 태어났다.

원효(617-686)의 생애는 7세기를 관통했고, 일연(1206-1289)은 13세기를 관통하여 한 생애를 살았다. 7세기는 고구려·백제·신라 삼국과 당나라까지 합세한 치열한 공방전의 시대로 원효가 살았던 약소국 신라는 국가존망의 위기에 처해 있었다.

일연이 살던 13세기는 100년의 무신정권과 몽고의 여섯 차례 침입으로 고려는 나라의 존재의미조차 없어지고 백성들은 전쟁과 기근에 목숨 연명조차 어려운 시절이었다. 이러한 시기에 태어나 신라를 삼국통일의 주역으로 만들고, 고려는 삼국 이전 고구려 단군의 후손이며 홍익인간의 이념을 면면히 이어온 팔만대장경의 불교국가였음을 천명한 두 사람이 있었으니 바로 원효와 일연이다.

둘째, 원효와 일연은 나라와 백성의 정신 치유자들이다.

원효는 신라의 백성을 위한 붓다가 되기를 결심하여 실천하였고 일연은 고려의 민족 정체성과 자존을 회복시킨 정신 치유자이다. 원효는 나당 연합군의 당나라 장수 소정방의 암호를 해독해 백제와의 전쟁에서 승리를 돕거나 전쟁에 피폐해진 백성들의 마음을 구제하는 민초불교를 실천한 신라의 붓다로 살았다. 특히 신라에 불교가 전파된 이후 왕실과 귀족의 전유물이었던 특권층 불교가 아니라 누구나 부처를 알고 나무아미타불 염불을 하면 극락왕생할 수 있다는 평등한 불교를 전파하였다.

일연은 사실상 몽고의 부마국 내지 속국이 된 고려가 비참할 대로 비참해진 상황 속에서 우리의 민족적 자부심과 정신마저 잃어버

군위 인각사 보각국사 일연 스님의 부도탑

릴 수 없다고 자각하였다. 몽고와 비교할 수 없는 고조선의 유구한 역사부터 광활한 중국 땅을 지배했던 부여와 발해의 선조들을 우뚝 세워 우리가 어떻게 훌륭한 국가를 세운 민족이며 어떻게 지난한 역사 속에서 인간의 도리를 지켜나갔는가를 평생의 역작《삼국유사》라는 기록으로 남겼다.

셋째, 원효와 일연은 상구보리上求菩提 하화중생下化衆生을 실천하였다.

원효는 당대 최고 석학일뿐 아니라 중국을 넘어 중앙아시아에까지 그의 저술이 알려진 세계적으로 인정을 받는 학자였다. 그뿐만 아니라 위로는 깨달음을 구하고 아래로는 중생을 교화하는 신라불교의 첫 새벽 같은 실천의 보살이자 부처였다.

일연 또한 아홉 살 어린 나이에 출가해 이십대 초반 승려고시 중 최고인 상상과에 장원할 정도의 탁월한 두뇌의 소유자로 선과 교학을 두루 섭렵하였다. 하지만 그의 생애 마지막에는 충렬왕의 국사 자리도 사양하고 그 모든 것을 초탈해 노모를 봉양한다. 민초의 삶을 살면서 스스로 효도와 수행이 둘이 아니라는 '효선孝善'을 실천하는 인간적인 면모를 보여준다. 이 또한 원효의 상구보리 하화중생이라는 보살정신의 데칼코마니라 하지 않을 수 없다.

넷째, 원효와 일연은 저술이 많다.

원효는 90여 종 150권을 썼다고 한다. 남은 것은 20여 종이다. 그

중 《금강삼매경론》, 《대승기신론소》는 만법귀일萬法歸一의 일심사상이, 《십문화논쟁》에서는 화쟁사상이 그의 불교철학을 대표한다. 또 《무량수경종요無量壽經宗要》, 《범망경소梵網經疏》, 《보살계본지범요기菩薩戒本持犯要記》 등이 있고, 특히 《대승기신론소》는 마명馬鳴(00-160)의 《대승기신론》을 독창적으로 해석한 것으로 《해동소海東疏》라고 불릴 만큼 탁월한 것이다.

일연도 100권 이상의 책을 썼다고 비문에 기록되어 있지만 남은 것은 《중편조동오위重編曹洞五位》 한 권이고 아이러니하게도 비문에 기록조차 되지 않은 《삼국유사》가 그의 저술을 대표하고 있다. 한편 가지산문迦智山門으로 출가한 일연이 수미산문須彌山門의 학풍과 가깝다고 알려진 조동종曹洞宗에 관한 《중편조동오위》를 저술한 것에 주목할 필요가 있다. 또 사자산문獅子山門의 목우화상牧牛和尙 지눌知訥(1158-1210)의 학풍을 계승했다고 비문에 기록된 것도 일연이 한 종파에 매이지 않는 전천후 불교적 학문세계를 이루고 있다고 볼 수 있다. 두 사람의 학풍도 닮은 것이다.

다섯째, 대자유인의 삶을 살았다.

《삼국유사》에서 원효에 관한 중심 글의 제목은 원효불기元曉不羈이다. 원효는 아무것에도 얽매이지 않는다는 뜻이다. 어마어마한 학문세계를 구축하였으나 그것을 새털처럼 가볍게 벗어나 요석공주와 떠들썩한 로맨스를 벌인 후 설총을 낳는다. 아들 설총은 이두를 집대성하고 유학자로 이름을 드높인 신라십현 중 한 사람이 된다. 마지막에는 원효라는 그 이름마저 던져버리고 중이 아닌 소성거사라 칭한다. 그리고 천촌만락을 노래하고 춤추며 민중들과 함께 어우러진다. 무애가와 무애무를 통해 생사도 고락도 마음먹기 달렸다는 일체유심조一切唯心造를 온몸으로 설파한다.

일연 또한 구산선문九山禪門의 학풍을 두루 섭렵하는 태도나 출가자로서 속세의 인연을 끊는 것이 아니라 오히려 국사라는 지위를 벗어던지고 속세로 귀향해 노모의 마지막 길을 봉양하는 대자유인을 실천했다. 학문에서도 인간적인 삶에서도 일연은 원효를 불가의 대스승으로, 고향의 대선배로 흠모하여 고려의 원효가 되고자 한평생을 인간 붓다 원효를 지향하고 있음을 본다.

21세기를 살고 있는 우리들은 요즘 좀처럼 본받을 사람이 없다고 한다. 흔히 알려진 조선시대 세종대왕과 이순신이 영웅호걸의 대표주자로 회자되고 있지만 대학에서 학생들에게 존경하는 사람을 물으면 엄마나 아버지, 아니면 자기 주변 가까운 사람들을 들 때가 많다. 어쩌면 먼 곳에 있어 손에 닿지 않는 인물보다 가까이 있어 실현 가능성이 높아 보이는 내 가족 내 이웃의 이름이 호명되는 일도 참 좋다고 생각한다.

그러나 지금이라도 《삼국유사》를 펼치면 먼지를 떨어내며 뚜벅뚜벅 걸어 나오는 고려시대 일연과 신라시대 원효를 만나 다시금 치열하게 살아보는 것도 좋지 않을까. 이 둘과 시대를 초월하여 함께 새로운 21세기의 춤판을 벌이면 얼마나 막강한 대한민국이 될 것인가.

제 13 장

원효, 백제에 가다

사흘 동안 춤을 추었다는
12승지 대둔산 태고사

7세기 삼국시대부터 통일신라가 된 시대에 살았던 원효는《삼국유사》에는 나오지 않지만 백제와 고구려에도 많은 사찰과 관련된 일화를 남기고 있다.《삼국유사》에 충실한 글을 쓰는 것이 목표이지만 백제에서 종횡무진 활약한 원효를 만나지 않고 원효가 방방곡곡에서 춤을 추었다고 할 수는 없지 않은가. 더욱이 신문왕 때 스스로 정했다는 통일신라 12승지에 절을 창건하고 절로 신명이 나서 사흘 동안 춤을 덩실덩실 추었다는 대둔산大芚山 태고사太古寺를 다시 가보지 않고 책을 마칠 수는 없다.

1990년대 초반에 나는 송구영신 해맞이를 하러 대둔산 태고사에 간 적이 있다. 그때는 교통이 어찌나 불편했던지 도반과 산기슭에 도착하니 깜깜하였다. 그랬더니 절에 계신 비구니스님께서 산이 높아 오르기 어렵다고 짐을 실어 나르는 도르래로 된 짐수레에 우리를 태워 절에 오르게 한 기억이 선명히 남아있다. 그렇게 올라간 대둔산 태고사에서 새벽에 해맞이를 하러 어디로 가냐고 물으니 그냥 대웅전 앞마당에서 해가 나오는 것을 보면 된다고 하였다. 황당했지만 기막힌 일출 장면. 그 절을 무려 30년 만에 다시 가려니 이렇게 높았던가, 이렇게 험했던가 소리만 절로 나온다. 무려 해발 878미터이다.

　원효가 처음 터를 잡고 가사와 장삼을 수하고 "세세생생 도인이 끊이지 않으리라" 하며 춤을 추었다고 한다. 태고사 윗쪽 봉우리에는 낙선대, 원효대, 의상대의 이름이 붙어있다. 낙선대 아래 평평한 바위봉우리가 '원효대'로 여기서 춤을 추었다고 하는데 그냥 직접 가보면 탁 트인 풍광에 어깨춤이 절로 난다. 그 아래쪽 바위 봉우리를 의상대라 한다.

　대둔산의 봉우리들이 병풍처럼 둘러싸고 있는 태고사는 한국전쟁 후에 도천道川 스님이 평생을 들여 중창하였고 아름다운 전망은 12승지라는 말이 울고 갈 지경이다. 그렇다면 11승지는 어디란 말인가. 어떤 명승지를 열거해도 뒤지지 않을만큼 태고사의 풍광은 그야말로 빼어나다. 만해萬海 한용운韓龍雲(1879-1944)도 한마디를 보탰으니 "대둔산 태고사를 보지 않고 천하의 승지를 논하지 말라"고 하였다.

　태고사에는 원효 이래 고려시대에는 태고보우太古普愚(1301-1382)

해동초조 화엄강사 원효대화상 진영(대둔산 태고사 지장전)

금산 대둔산 태고사 대웅전 앞마당에서 본 전경

가 중창하였으며, 조선시대에는 서산대사西山大師의 법손 진묵대사震默大師(1563-1633)가 삼창하였다고 한다. 수많은 고승 대덕들이 거쳐간 태고사 지장전地藏殿에는 조사스님들 진영이 있는데 보리달마, 원효, 의상, 태고보우, 진묵, 수월당 관음, 묵언당 대선사가 자리하고 있다. 태고사에서 100미터가량 떨어진 입구에는 문처럼 생긴 암석이 있어 석문石門이라 하는데 바위에는 조선의 우암尤庵 송시열宋時烈(1607-1689)이 이곳에서 공부할 때 쓴 '石門' 글씨가 새겨져 있다. 돌계단과 나무계단으로 느낌상 30분 이상 걸어 올라가야 한다.

　주지 선일 스님의 친절한 해설과 안내로 단풍이 한창인 시월의 멋진 날을 도반들과 함께한 답사였다. 원효 스님이 정말 춤을 추는 모습이 자연스레 그려졌다. 더 이상 백제가 아닌 이 명승지에 절터를 잡고 신라와 다를 것 없는 패전국의 중생을 위하여 '나무아미타불'과 부처를 가르칠 수 있겠구나 생각했을 원효. 그동안 아팠을 마음이 일순간에 청량해졌을 것이다. 태고보우가 중창해 '태고사'로 전해졌겠지만 '원효사'인들 어떠랴. 한 생각 돌리면 모두 화엄 세상인 것을….

일체유심조 깨달은 후 수도한
충청도 문의 대청호 현암사

우리는 원효가 당나라 유학을 두 번이나 시도했다가 무덤 속에서 해골 물을 마시고 '일체유심조'라고 깨달았다는 이야기를 듣고 자랐다. 그러나 의상이 당나라로 유학을 떠나고 홀로 신라로 돌아오며 2년 동안 보림 수도했다는 절 이야기는 별로 들어본 적이 없다.

그렇지만 정말 돌아오며 수도하였을 법하지 않은가. 그 절이 바로 현암사懸巖寺이다. 한편으로 깨달은 환희심에 한편으로는 의상을 혼자 보내고 돌아오며 편치 않았을 인간적인 심사도 그려봄직하다. 백제 지역에 있던 당항성과 문의마을 대청호가 바라보이는 구룡산 현암사가 바로 그것을 증명하는 절이다. 늘 그렇듯이 구전의 힘은 기록보다 생명력이 길고 강하다.

다람절 현암사에서 바라본 대청호

　대청호변 도로에서 200m 수직으로 깎아지르는 듯한 절벽을 철
계단으로 오른 뒤, 다시 이어지는 돌계단으로 올라가는데 가파르기
로 대둔산 태고사와 쌍벽을 이룬다. 마치 산등성이 바위에 매달린
것 같은 절 현암사. 사찰에 다다르면 대청호가 바로 눈앞에 절경으
로 펼쳐진다. 이또한 명승이다. 이 절은 나무에 매달린 다람쥐 같다
고 '다람절'이라고도 하는데 구룡산 산등성이에 말안장처럼 놓여있
는 모양새라고도 한다.

　현암사는 백제에 있지만 고구려 스님이 창건한 절이다. 백제 18대
전지왕腆支王 3년(407) 때 고구려 청원선경淸遠仙境대사가 창건하였고
문무왕 5년(665) 원효대사가 중창하였다. 그야말로 삼국통일 절이다.

　고구려의 청원대사가 수행처를 찾아 눈이 쌓인 산길을 걷는데 노루 한 마리가 엎드려 자고 있다가 청원 스님을 보고 반갑다는 듯이 세 번 조아리더니 산으로 달아났다. 노루가 누웠던 자리에는 눈이 녹아 쌓여있지 않고, 맑은 샘(靈泉水)이 나오고 있었다. 이렇게 적정한 절터를 발견한 스님은 백제의 달솔達率 해충解忠의 청을 받아들여 사찰을 창건하였다.

5세기 당시에 고구려와 백제는 불교에 관한한 서로 고승대덕을 모셔오고 사찰을 창건하는 일이 국적이나 국경에 걸림이 없음을 알겠다. 기실 신라에 불교를 전한 것도 고구려의 아도화상이요 선화공주를 배필로 맞기 위해 백제의 서동은 머리를 깎고 신라 국경을 통과하지 않았던가. 당시 삼국의 불교는 국경이 없는 치외법권 협정을 맺었는지도 모르겠다.

원효의 대청호 예언과
현암사의 영험

원효는 현암사가 위치한 산의 아홉 줄기가 강물에 뻗어있다 하여 구룡산九龍山이라 이름하였는데 청원선사가 이곳에서 수행할 때에는 하늘의 공양(天供)을 받았다고 한다.

원효는 이 절을 중창할 때에 "천여 년 후에 세 개의 호수가 조성되어 구룡산 발치에 청룡이 꿈틀거리는 모양의 큰 호수가 만들어진다.

그러면 임금 왕王 자 모양의 지형이 나타나면서 국왕이 머물게 되고, 이곳은 국토의 중심이 되어 부처님의 가르침을 널리 전하게 된다"고 예견하였다.

오늘날 대청댐이 있는 곳을 미호迷湖, 대청호 보조댐이 있는 곳을 용호龍湖, 대통령 별장이 있는 청남대에 있는 곳을 황호潢湖라 하는데, 실제로 대청호에 잠겨있는 산봉우리들이 겹쳐 왕王 자 모양으로 보인다니 대단하지 않은가.

고려시대에는 화진법사華眞法師가 머물렀는데, 폭설로 먹을 것이 떨어지자 바위틈에서 쌀이 나왔다고 한다. 조선시대에는 시환是幻이 중창한 후 1928년 김상익金相益과 동인東寅, 1978년 종현宗玄, 1986년 도공道空 스님이 대대적인 불사를 진행하여 현재에 이르렀다.《신증동국여지승람新增東國輿地勝覽》과 《여지도서輿地圖書》 그리고 《충청도읍지忠淸道邑誌》 등에는 현불사見佛寺 또는 현불암見佛庵으로 나온다.《문의읍지文義邑誌》에는 현사懸寺로도 기록되어 있다. 주요 유물로는 대웅전 옆 용화전 안의 석조여래좌상石造如來坐像이 있는데 창건주인 선경대사가 자연석에 조각했다고도 한다.

우리가 답사차 도공 스님을 만났을 때 그 벼랑에 매달린 절을 넓히고 물을 끌어오고 해우소를 만드는 일이며 가파른 산을 오르기 위한 계단과 진입로를 만드는 일까지 얼마나 고난과 역경의 대불사였는지 밤을 새워도 다 들을 수 없을 것만 같았다. 그만큼 원효의 자취가 서린 고구려와 백제의 절을 지켜가려는 긍지와 자부심이 노스님의 인생에 서리서리 스며있었다. 원효 스님도 그 마음 알아 주시리.

제 14 장

원효, 고구려에 가다

앞으로 우리는 북한과 최소한 문화와 역사교류는 하고 살게 될 것이다. 이미 '먼저 온 통일'이라는 이름의 북한 주민들이 3만 명 이상 남한에 살고 있다. 원효 스님은 650년 1차 당나라 유학을 시도할 때 고구려를 통해 중국 요동으로 가려다 첩자로 몰려 실패하였다. 이것은 당시 신라와 고구려가 지금의 남북한과 같은 상황임을 보여주는 것이다. 지금도 이렇게 목숨걸고 어떻게든 오가고 있는 것이다. 다만 원효와는 반대로 북한 주민이 중국을 거쳐 남한으로 들어오고 있다. 남한에 살고 있는 우리들 중 일부는 이들을 스파이나 남한 자본을 빼돌리는 사람들로 생각해 곱지 않은 눈으로 바라보고 있는 것도 사실이다. 그러나 글로벌 시대에 남북한의 문화와 인적 자산만이 우리의 세계 경쟁력이 될 것임을 잊지 말아야 할 것이다. 진정한 파트너십이 절실하다.

그런데 원효는 고구려 땅에도 사찰을 세우기를 멈추지 않았다. 언제부터인가 우리는 북한의 절들은 우리 절로 생각하지 않게 된 것 같다. 일인 독재자가 종교를 없애고 승려도 명목상 절에서 출퇴근하는 직원으로 두고 있다고 들었기 때문이다. 일단 가볼 수 없는 곳이니 관심을 두어도 자료를 얻기가 힘들다. 우선 어림잡아 원효가 창건했거나 머물렀다는 그 절들의 이름을 열거해보자. 관북사, 개심사. 수미암… 어쩌면 예상치 못한 이른 시기에 북한에서도 걸림없이 춤을 추고 있을 원효 스님을 만날 수 있을지도 모르지 않는가.

관북사와
원효

관북사館北寺는 황해남도 평산군 인산면 기린리 성적산聖跡山에 있는 절인데 원효가 창건했다고 전해진다. 성적산은 불수산佛手山이라고도 한다. 일제강점기에 정방산正方山 성불사成佛寺의 말사였다. 신라 문무왕 때 원효가 창건하여 석종사石鍾寺라 하였다. 그러나 창건 뒤의 역사가 전하지 않아 언제 사찰명이 바뀌었는지는 알려지지 않고 있다. 18세기에 편찬된 《범우고梵宇攷》에 현존 사찰로 나온다. 현존하는 당우로는 대웅전과 요사채 등이 있으며, 절 뒤에는 기린굴麒麟窟이 있는데, 옛날 용마가 기린처럼 엎드려 이 굴에서 나왔다는 설화가 전한다.

이것이 관북사에 대하여 찾을 수 있는 내용이다. 문무왕 때 삼국을 통일한 직후 어쩌면 원효는 백제와 고구려 양국의 백성들을 위무할 사명을 띠고 방방곡곡을 다니며 망국의 천촌만락에 사찰을 세우거나 중수했는지도 모르겠다.

나라가 망하기 전까지 그 이후에도 결사 항전했을 백성들의 굶주림과 피폐함 그리고 정신적인 절망까지 보듬을 수 있는 사람은 오직 원효뿐이었을 테니까. 슬픔과 괴로움을 염불과 노래로 춤으로 승화시키고 이승의 괴로움을 저승의 극락정토를 관장하는 아미타 부처님께 맡기는 모습은 어떠 했을까. '나무아미타불'. 걸림 없는 생과 사, 더 이상 고구려와 신라는 둘이 아닌 오직 '부처의 나라'일 뿐임을 울며 웃으며 어깨동무를 하고 목청껏 노래하지 않았을까.

| 개심사와
| 원효

함경남도 신흥군 원평면 천불산에 있던 절로 원효가 648년(신문왕4)에 창건하였다고 한다. 888년(진성왕2) 도선道詵은 자신이 지정한 3,800개의 비보사찰神補寺刹의 하나로서 이 절을 중창하였다.

고려시대인 981년에 대상선大藏殿을 제외한 불전과 승방·창고 등

일제강점기 신흥 개심사(국립중앙박물관)

이 불타버리자 다음해에 중건하였다고 전해진다. 1161년(의종15) 다시 불상과 장경만 남긴 채 모두 소실되어 다음해에 중창하였고 1324년(충숙왕11) 지공指空과 나옹懶翁이 함께 중건하였다고 한다.

조선시대에 들어서도 1604년(선조37) 도성道成이 중창하였고 1845년(헌종11) 풍암豊庵이 중건하였다. 1881년(고종18) 화재로 경판과 불상만 남고 모두 소실되어, 중봉中峰·춘계春溪·성허惺虛·용선龍船·이제利濟 등이 다음해에 현재의 장소로 옮겨 중창하였다.

부속사암으로는 의상이 창건하고 풍암이 중수한 불정대佛頂臺와, 윤필尹弼이 창건하고 운암雲庵이 중건한 백운굴白雲窟, 지공이 창건하고 일여一如가 중건한 견불암見佛庵, 무학無學이 창건하고 한암寒巖이 중건한 보문암普聞庵 등이 있다.

원효가 창건하고 이렇게 무수한 고승대덕이 중창과 중건을 역사적 기록으로 자세히 남긴 개심사는 지금 어떤 모습일까. 여기에는 특히 원효와 당대를 풍미한 의상과 윤필도 함께하고 도선과 지공, 나옹이라는 걸출한 스님들이 기록되고 있다.

가까운 미래에 반드시 이 유서 깊은 절을 답사하고 지금도 절 곳곳을 호위신장으로 지키고 계실 스님들을 예경하며 이 짧디짧은 기록을 동짓달 기나긴 밤처럼 쓰리라고 서원한다.

수미암과
수미석탑

수미암須彌庵은 북한 강원도 회양군 내금강면 금강산 수미봉須彌峰 (1,331m)에 원효가 창건한 암자이다. 표훈사表訓寺의 산내 암자에 속하였던 이 절은 일제강점기에는 유점사楡岾寺 말사였다고 한다. 암자 이름을 수미암이라고 한 것은 불교의 우주관에서 볼 때 세계의 중심에 있다고 하는 수미산須彌山을 상징한 것이다. 불국토 신앙의 요람인 금강산의 중심에 이 절이 있어야 하는 이유이다. 창건 이후 여러 차례의 중수를 거쳤고 조선 후기에 불타버린 것을 1888년(고종 25)에 호옹浩翁이 중건하여 오늘에 이르고 있다. 암자에서 가까운 곳에는

일제강점기 금강산 표훈사 전경(국립중앙박물관)

자연석탑인 수미탑須彌塔이 있는데 밑으로는 마치 쌓아올린 듯한 자연 기단 위에 거대한 계단식의 석탑이 형성되어 있다. 만폭동 왼쪽 골짜기인 태상골 끝 부분에 있는 암석 봉우리로 50여 미터나 되는 천연 석탑이라고 한다.

한 겨울에도 수미봉에서 열심히 정진하는 원효를 위하여 수미봉 가까운 곳에 사는 신선 영랑은 꺼진 화롯불을 밤마다 살려 놓았다는 이야기도 전해지고 있다. 그렇게 그가 사는 봉우리가 영랑봉이 되었다는 또 하나의 스토리텔링. 이렇게 원효는 신선계까지 걸림없이 통하며 학문을 논하고 물처럼 바람처럼 서로 막역하게 지냈다는 것이다. 역시 '천상천하 원효독존', 원효가 오직 존귀하니 신선 영랑 또한 존귀하도다. 이 글을 쓰고 읽는 우리 또한 부처가 아니겠는가.

금강산 수미봉 수미탑

　북한의 사찰은 자료를 구하기가 쉽지 않았다. 북한은 종교를 부정했다가 최근 불교를 우리 역사에 편입해 포용하는 정책을 펼치고 있다고 한다. 불교는 우리 민족의 유전자라고 해도 과언이 아니다. 종교나 신앙으로 믿거나 학문과 철학으로 이어져온 한켠에 우리는 시나브로 '마음먹기 달렸다'는 속담으로《화엄경》의 '일체유심조'를 머릿속에 깊이 새기고 살아왔다. 많이 배웠거나 배우지 못했어도 한민족 가운데 이 말이 낯설거나 수긍하지 못할 사람은 없다. 우리가 종교를 떠나서 '나무아미타불'을 모르는 사람이 없듯이 말이다. 그리고 연이어 따라 나오는 '관세음보살'은 아미타불의 협시 보살이 아니던가. 무슨 일이 생겼을 때 저절로 입에 붙어 나오는 구절이요 이것을 비틀어 일이 잘 되지 않았을 때 '도로아미타불'이라는 희화화된 말도 인구에 회자된다.

　나는 이것이 모두 원효 스님의 덕분이라고 생각한다. 세상에 태어나 승속을 모두 경험하고 삼국의 각축과 통일로 흡수되는 백성들의 생사고락을 함께 하며 그는 손에 닿는 대로 바가지를 두드렸고 염불을 노래했으며 그것을 춤으로 승화시켰다. 울어봤자 찡그려봤자 아무 소용이 없기 때문이다. 그동안 실컷 괴로웠고 실컷 울고난 가엾은 백성들에게 그는 위로와 희망을 주고 싶었던 것이다. 생사가 둘이 아니요 고락이 둘이 아닐진대 기왕이면 살아있음을 기왕이면 즐거움을 전하고 싶었던 것이다.

에필로그

원효의 춤과 Changing Partners

이제 원효와 헤어져야 할 시간이 왔다. 처음에는 그저 《삼국유사》 속의 10가지 남짓 스토리텔링을 모아 모아서 그의 인생을 재구성하는 데 중점을 두고자 하였다. 원효의 훌륭한 학식이며 학문이야 전문학자들에게 맡기고 나는 그저 《삼국유사》의 원효가 '체인징 파트너'를 부르며 춤추는 인간적인 면모를 보여주고 싶었을 뿐이다.

그러나 그가 관통하며 살았던 7세기는 만만치가 않았다. 삼국 중 가장 약한 신라와 상대적으로 강한 백제와 고구려가 나라를 뺏느냐 뺏기느냐 각축을 벌이고 그 뒤에는 초강대국인 당나라가 떡 버티고 도와주는 척하며 집어삼킬 야욕을 벌이고 있었다. 지옥 같은 전쟁의 시대였다. 불국토를 구축하려는 염원 덕분이었을까. 위기를 기회로 삼아 백제와 고구려를 차례로 정복한 신라였다.

이렇게 통일을 한 신라인이 마냥 행복하기만 했을까. 망한 나라의 백제와 고구려 사람들이 어쨌든 전쟁이 끝나 행복했을까. 그야말로 삼국이 피비린내로 가득 찼을 통일된 신라에서 그 누구도 행복하지 못한 전쟁의 후유증에 허덕이는 백성을 보고 원효는 결연히 붓을 꺾고 저잣거리로 나섰다.

승려의 옷을 벗어던지고 그들과 같은 속인이 되어 짐짓 처자식을 두게 되었을 그는 중생의 희로애락을 함께 경험하였다. 오래 굶주리고 병들고 부상당하고 전쟁 통에 가족을 잃은 백성들을 위하여 기꺼이 광대가 되어 온 마음으로 온몸으로 춤추고 노래하며 위로하였다.

각설이처럼 바가지를 두드리고 노래처럼 함께 염불을 하고 가르치며 그들의 심신의 평안을 위해 기도하였다. 그가 나타나면 고통 속에 빠져있던 마을과 저잣거리의 사람들이 함께 바가지를 두드리며 노래하며 춤을 추었을 것이요 상처뿐인 인생의 고통 속에서도 웃음꽃을 피웠을 것이다.

그저 그뿐이었다. 모든 것은 마음에서 일어난다고 누구나 한 번 태어나고 한 번 죽는다는 것을 경험하고 깨치면 더 이상 걸릴 것이 없다는 단순한 진리. 그렇게 일도출생사一道出生死 대자유大自由 무애인無碍人으로 살라고 그는 백제든 고구려든 가리지 않았던 것이다. 그의 춤에 파트너는 승속도 백제도 고구려도 없었다. 누구라도 걸림 없이 좋았다.

원효, 우리는 이렇게 오래 함께 길을 걸어왔지만 여전히 정작 그에 대하여 아는 것이 없다는 것을 깨닫게 된다. 우선 그의 이름은 어떻게 불렸을까. 첫새벽, 새벽, 새털, 시단, 서당… 우리는 그에 대하여 제대로 아는 것이 없다.

　그리하여 원효를 둘러싸고 있는 사람부터 살펴보았지만 이 또한 얼마나 수박 겉핥기였을까. 7세기를 관통하며 살다간 1,400년 전의 원효와 머리를 맞대고 이야기를 하고 손을 잡고 노래한 당대의 사람들. 거기에는 원효가 활동하던 시절의 선덕여왕과 김춘추, 김유신도 있고 혜공과 대안, 낭지도 있다. 절친이자 도반인 의상을 빼놓을 수 없다.

　그러나 원효는 그들과 '따로 또 같이' 그만의 길을 걸었다. 풍전등화의 약소국 신라에서 이들과 힘을 모아서 신라의 백성들과 힘을 합쳐 통일신라를 이룩하는 것이다. 그 후에는 통일신라인이 된 모든 백성들을 위무하는 것이다.

　평생지기인 의상은 당나라 유학의 도반이요 깨달음의 도반이다, 원효의 트레이드마크가 되게 한 무애가無碍歌와 무애무無碍舞에는 그 노래와 춤의 원조 스승인 대안과 혜공이 있다. 대안은《법화경》의 상불경보살 같은 존재로 누구에게나 존경의 축원을 아끼지 않던 신라의 상불경보살이요, 혜공은 삼태기화상으로 원효에게 무애박을 들고 노래하고 춤추는 교화를 가르친 원효의 롤모델이라 할 수 있다. 민초불교의 출발점은 이 두 스승이 있었기에 가능하였다.

　그리고 요석과 설총, 그야말로 원효를 원효답게 한 인물이다. 요석이 있어 지아비 소성거사가 될 수 있었고 중생의 희로애락 인생을 살 수 있었다.《삼국유사》곳곳에 출현하여 그를 깨우치는 또 다른 원효의 관음보살이었다, 설총은 신라십현이 된 청출어람의 아들이자 원효가 죽어서도 고개 돌려 애틋하게 바라보는 어버이의 마음을 가지게 해준 주인공이다.

이제 원효와 작별해야 하지만 문무왕과 신문왕, 김흠순과 김인문도 더 쓰고 싶고 용과 관련된 사찰 이야기도 더하고 싶다. 그리고 투르판에서 발견된 《판비량론》의 원효도 더 만나고 싶지만 그러다 보면 이생에 헤어지지 못할 것만 같다.

원효를 만나 오롯이 즐거웠다. 그리고 산뜻하게 손 놓지 못해 오래 괴로웠다. 이제 무애가와 무애무를 대안과 혜공에게서 본받아 원효만의 것으로 만들었듯이 나도 이제부터 나의 노래를 부르고 내 식대로 춤을 추며 독자들과 나누고 싶다.

'대안대안'은 지금 말로 '안녕안녕'이 될 것이다.

코로나 시대여 안녕. 그리고 책을 통해 만나는 그대 부디 건강건강하시기를…. 무애가 노래는 요즘 다시 열풍이 부는 트로트버전으로 또는 각설이 타령조로 크게 흥겹게, 춤은 한삼자락 휘날리는 탈춤버전으로 또는 차차차 스텝으로 경쾌하게!

내 안의 부처시여, 나무아미타불!